Général H. LANGLOIS

MEMBRE DU CONSEIL SUPÉRIEUR DE LA GUERRE

CONSÉQUENCES TACTIQUES

DES

PROGRÈS DE L'ARMEMENT

ÉTUDE SUR LE TERRAIN

PARIS
HENRI CHARLES-LAVAUZELLE
Éditeur militaire
10, Rue Danton, Boulevard Saint-Germain, 118
(MÊME MAISON A LIMOGES)

1903

CONSÉQUENCES TACTIQUES

DES

PROGRÈS DE L'ARMEMENT

Général H. LANGLOIS
MEMBRE DU CONSEIL SUPÉRIEUR DE LA GUERRE

CONSÉQUENCES TACTIQUES

DES

PROGRÈS DE L'ARMEMENT

ÉTUDE SUR LE TERRAIN

PARIS
HENRI CHARLES-LAVAUZELLE
Éditeur militaire
10, Rue Danton, Boulevard Saint-Germain, 118
(MÊME MAISON A LIMOGES)

1903

INTRODUCTION

Il semble, à lire certaines études militaires récemment parues, que les conditions générales de la grande guerre aient été subitement transformées du tout au tout, que la conception actuelle de la bataille soit surannée et qu'il y ait lieu, non seulement de poser les bases d'une tactique nouvelle, mais encore de mettre en question les principes moraux sur lesquels repose l'idée même de la guerre.

Quelle révolution s'est produite dans l'âme humaine pour que les nations armées qui se lèveraient, dans une prochaine guerre, pour assurer la sauvegarde de leurs droits ou la défense de leurs frontières, soient si foncièrement différentes de ce que furent les soldats de tous les temps, accessibles, sans doute, à la surprise et à la démoralisation, mais aussi capables, sous l'impulsion de chefs audacieux et aimés, des plus héroïques efforts ?

Des événements nouveaux et extraordinaires sont-ils même survenus récemment dans l'organisation des grandes puissances militaires, ou dans leur armement, qui doivent avoir sur les guerres futures une répercussion profonde ?

Non pas, car aucun changement important ne s'est produit dans l'organisation militaire, et les principaux perfectionnements introduits dans l'armement et caractérisés par l'emploi de la poudre sans fumée, du fusil de petit calibre et du canon à tir rapide sont vieux de plusieurs années et, s'il est possible de perfectionner le mode d'emploi du nouvel armement, les discussions longues et raisonnées auxquelles il a, dès son apparition, donné lieu ont déjà conduit à un certain nombre de conclusions pratiques qui ont la sanction de l'expérience.

Mais une occasion s'est présentée de rééditer une fois de plus la théorie néfaste qui fut déjà préconisée en France en 1868 et, pour notre malheur, mise alors en pratique, théorie qui reparaît périodiquement à chaque progrès réalisé dans l'armement, à savoir que la puissance des armes nouvelles rend plus difficile l'attaque, tandis qu'elle donne à la défense des avantages considérables et imprévus.

Et cette occasion fut donnée par la guerre du Transvaal.

Des écrivains militaires ont cru pouvoir conclure de l'expérience de cette campagne, que les effets de l'armement nouveau avaient été jusqu'à ce moment complètement insoupçonnés et que, non seulement ils étaient de nature à entraîner des modifications dans les formations d'approche ou d'attaque et dans l'emploi des feux, mais qu'ils avaient encore pour conséquence de rendre caduques les idées auxquelles l'étude des campagnes des grands capitaines de tous les temps ont conduit en ce qui touche la bataille.

Les conclusions de quelques-uns de ces écrivains ne tendent à rien moins qu'à enlever au commandement suprême la direction de la bataille, à lui dénier la possibilité comme le droit d'obtenir, s'il en est besoin, la décision par un effet combiné de toutes les forces matérielles et morales dont il dispose, et à remettre au tirailleur, c'est-à-dire au soldat isolé, accessible à toutes les émotions et à toutes les surprises, la décision d'une bataille d'armée dans laquelle les effectifs engagés atteindront des centaines de mille hommes et dont l'issue décidera peut-être de la liberté de la nation et de l'avenir de la race.

Cette grave question, qui est digne des méditations les plus sérieuses et les plus réfléchies, a passionné naturellement les milieux militaires et a soulevé aussi, à juste titre, l'émotion du grand public.

Aussi semble t il qu'il soit du devoir de chacun de faire effort pour l'éclaircir et d'apporter, dans la mesure de ses moyens, sa contribution personnelle à la discussion.

Et d'abord un point d'interrogation se pose : les événements de la guerre du Transvaal, dont l'histoire n'est pas faite encore, sont-ils de nature à permettre de telles conclusions, qui ne sont d'ailleurs étayées par aucun autre fait historique ?

Nous ne le pensons pas : bien que tous les éléments d'appréciation ne soient pas encore assez complets pour qu'on soit en droit de porter un jugement définitif sur une campagne aussi récente, les documents actuellement connus et les renseignements parus dans les publications des divers pays permettent déjà de limiter le champ des conclusions qu'on peut, sans exagération comme sans imprudence, tirer de la guerre sud-africaine.

Et il importe à ce propos de ne pas accepter sans contrôle les conclusions auxquelles a pu arriver le commandement anglais; s'il n'est pas douteux, en effet, que les Anglais ont éprouvé de sanglants échecs par le fait de l'application de leur tactique initiale et qu'ils ont été conduits par la force des choses à la modifier au cours même de la campagne, il n'est pas moins certain qu'ils étaient insuffisamment préparés à la guerre qu'ils ont dû faire.

Aussi n'est-il pas surprenant qu'ils aient ensuite condamné en bloc, non seulement leur tactique du début, mais aussi celle qui résulte de l'expérience des faits de guerre et qu'ils n'appliquèrent jamais, et qu'ils soient arrivés à considérer comme une solution générale du problème de la grande guerre devant un ennemi manœuvrier, les moyens qui leur permirent seulement d'arriver après de longs mois à user peu à peu un ennemi dix fois moins nombreux et inactif.

Mais ce n'est pas au cours même d'une campagne qu'on peut parvenir à corriger le manque de préparation d'un corps d'officiers, à établir les liens tactiques nécessaires et à fonder une doctrine commune : il y faut du temps, de la réflexion, du travail, et il n'y a pas de raison pour que les Anglais, partis d'une fausse conception de la guerre, soient arrivés, à la fin de la campagne, à détenir la vérité.

Quant aux écrivains militaires de tous pays qui ont adopté avec enthousiasme les conclusions du commandement anglais, ils ont été involontairement impressionnés par le démenti qu'a donné l'expérience de la campagne aux prédictions généralement portées en Europe lors du commencement de la guerre, et concluant aux faciles succès de l'Angleterre.

Les résultats de la résistance des Boers ont provoqué d'autant plus de surprise que les éléments d'une appréciation raisonnée avaient antérieurement manqué et cette antithèse brutale a permis d'accréditer l'opinion que les insuccès de l'armée anglaise étaient dus principalement aux effets nouveaux et insoupçonnés du matériel de guerre et que ces effets devaient avoir pour conséquence une transformation radicale de la tactique.

Aussi semble-t-il nécessaire de faire ressortir brièvement, sans entrer dans aucune considération de faits de détail, quelles furent les conditions générales de la lutte qui s'est livrée dans l'Afrique australe, après quoi il semblera plus facile de discerner la nature des conclusions qu'on est en droit d'en tirer.

Il y a lieu auparavant de remarquer, une fois pour toutes, que la guerre du Transvaal ne saurait être comparée à la grande guerre, telle que nous avons eu à la faire en 1870, et telle que nous serions obligés de la conduire devant un adversaire européen. Ni la situation respective des belligérants, ni les théâtres d'opérations, ni les effectifs mis en jeu, ne présentent d'analogie avec ce que seraient les mêmes facteurs dans une grande guerre européenne, et, de ce fait, les conclusions qu'on peut tirer de l'étude de la campagne anglo-boer sont forcément limitées et ne doivent pas être généralisées imprudemment.

Caractères organiques des forces opposées dans la guerre sud-africaine.

On a trop souvent répété qu'une armée européenne, dotée de tous les perfectionnements dus à la science, rompue aux doctrines de la guerre moderne, avait été tenue en échec pendant de longs mois par une poignée de paysans, pour qu'il ne semble pas nécessaire de voir ce que vaut cette assertion, qui a, d'ailleurs, déjà reçu quelques démentis autorisés.

Les Boers étaient, il est vrai, loin de présenter les caractères militaires que nous sommes accoutumés à rencontrer dans les armées européennes : leur libre groupement, leur indépendance par rapport au commandement, l'absence souvent fréquente de coordination dans leurs efforts comme de toute direction supérieure les distinguait en effet nettement, et malheureusement pour le succès de leur cause, d'une armée organisée. Mais, s'ils avaient par là quelques-uns des fâcheux caractères d'ensemble d'une milice, ils possédaient par contre, pour la plupart, les qualités militaires individuelles les plus solides.

Chasseurs et cavaliers de naissance, habitués à parcourir les vastes plaines du Veld, extrêmement habiles dans l'emploi de leurs armes, rompus à la pratique de la fortification de campagne, ils avaient, en outre, acquis de véritables qualités guerrières dans leurs campagnes antérieures contre les Anglais et dans leurs luttes continuelles contre les Cafres.

Faut-il ajouter que la foi indestructible dans l'avenir de leur race, dans la justice de leur cause et dans le secours de leur Dieu leur créait une communauté de sentiments puissants, capables de suppléer, dans une certaine mesure, à la discipline militaire qui leur manquait ?

Au point de vue matériel de l'armement, leur fusil était supérieur au fusil anglais; leur artillerie provenait des meilleures fabriques d'Europe, elle était numériquement, il est vrai, très inférieure à l'artillerie anglaise et généralement mal servie et mal employée, mais l'artillerie adverse, en raison des tendances organiques comme des procédés tactiques de l'armée anglaise, ne sut jamais arriver à prendre sérieusement à partie l'artillerie des Boers et ne remporta, par conséquent, pas sur elle d'avantage marquant.

Quant à l'armée anglaise, dont les régiments, pris isolément, faisaient lors de leur embarquement pour le Transvaal l'admiration des spectateurs, elle portait en elle-même, dans son organisation comme dans sa préparation, des germes de faiblesse.

N'ayant pas eu à se mesurer depuis près d'un siècle avec des adversaires européens (1), très rompue, au contraire, aux expéditions coloniales contre des peuplades sauvages ou demi-sauvages, l'armée anglaise avait toutes les qualités, mais aussi tous les défauts qu'engendre la pratique des guerres coloniales, qui ne suffisent pas à préparer aux conditions de la guerre moderne, comme nous en avons fait la douloureuse expérience en 1870.

(1) A l'exception de la guerre de Crimée, où son action fut secondaire.

Elle avait en particulier, comme on a pu s'en convaincre dans la suite et comme nous le constaterons plus loin, une préparation tactique manifestement insuffisante, que ne purent compenser les solides et indiscutables qualités de ces troupes.

En outre, le particularisme d'arme, contre lequel il y a toujours à réagir dans toutes les armées, était poussé dans l'armée anglaise à un point extrême et s'aggravait du particularisme des unités, qui est une conséquence même de l'organisation anglaise.

L'indépendance dans laquelle vivent en temps de paix les divers bataillons les uns par rapport aux autres, l'autonomie et le particularisme de chaque unité sont, en effet, poussés à un point tel que, en dehors du bataillon, il n'existe plus de hiérarchie militaire entre les officiers, et que ceux-ci, s'ils appartiennent à deux bataillons différents, ne sont que deux hommes du monde dont les conventions sociales règlent seules les rapports.

De semblables mœurs militaires devaient avoir pour inévitable conséquence, l'absence de toute camaraderie de combat, non seulement entre les armes, mais encore entre les unités. Aussi constate-t-on sans surprise d'après le rapport d'un témoin oculaire que, au combat, chaque bataillon était naturellement conduit à se créer sur le champ de bataille un secteur personnel qui lui restait acquis jusqu'à la fin de l'action et que, si un bataillon était envoyé pour le soutenir, le commandant de celui-ci se donnait *comme première préoccupation* de respecter la propriété du premier occupant.

Que nous sommes loin de la camaraderie de combat dont ont si largement fait preuve les troupes françaises à nos époques de gloire, l'armée allemande en 1870, ou l'armée russe en 1877, et sans laquelle le grand organisme que doit être une armée est sans cohésion comme sans ressort !

A ce point de vue, comme à celui de la préparation tactique, on n'est nullement en droit de comparer aujourd'hui l'armée anglaise avec l'une quelconque des armées des grandes puissances militaires du continent.

En revanche, on est fondé à conclure, contrairement aux opinions qui ont longtemps prévalu et dont on a tiré plus d'une conséquence erronée, que les causes originelles de faiblesse de l'armée anglaise étaient assez sérieuses pour faire équilibre à la supériorité que son organisation lui donnait sur les forces des républiques sud-africaines et à comparer, au point de vue de leur valeur d'ensemble, les deux outils qu'ont eu entre les mains, d'une part, le commandement anglais, et, d'autre part, les chefs boers.

Procédés tactiques des deux adversaires.

Conduite de la guerre. — De l'étude d'ensemble de la guerre anglo-boer se dégage, au point de vue de la conduite de la guerre, un caractère commun aux deux adversaires, caractère qui donne à cette campagne une physionomie si différente de celle des autres campagnes modernes.

Ni d'un côté ni de l'autre, nous ne trouvons cette volonté de venir à bout le plus tôt possible de l'ennemi en cherchant la destruction rapide et totale de ses forces, qui est et reste la caractéristique de la guerre moderne, que ce soit celle de 1806, celle de 1870, ou celle de demain.

Et, de la part de chacun des adversaires, la chose est facile à expliquer, sinon à justifier.

Les Anglais ont entamé la guerre avec la conviction qu'ils arriveraient tôt ou tard à la conquête du pays, laquelle, bien plus que la destruction des forces ennemies, était pour eux l'enjeu de la lutte. La question ainsi envisagée, ils paraissent avoir estimé qu'il valait mieux ménager les soldats d'une armée mercenaire dont le remplacement était difficile et dont la source n'était pas intarissable, que l'argent par la consommation duquel se traduisait la lenteur de leurs opérations. Quoi qu'on puisse penser de cette conception, elle les a conduits à viser plutôt l'occupation du territoire et du réseau ferré que la destruction même de l'ennemi et à faire une véritable guerre de conquête progressive qui se rapproche plus, dans ses caractères généraux, de la guerre des siècles passés que de la guerre moderne.

Quant aux Boers, leur tempérament, leurs convictions religieuses aussi bien que leur organisation politique et militaire ne leur ont point permis, pendant toute la première partie de la campagne, où ils étaient peut-être en mesure de remporter un succès décisif, de s'affranchir de la forme strictement défensive et ce n'est que plus tard, lorsque leurs principales forces étaient ou dissoutes ou éparses, qu'ils ont, après la capitulation du général Cronje à Paardeberg, décidé (1) de mener avec les commandos une véritable guerre de partisans et introduit dans leurs opérations du mouvement, de l'activité et des pointes offensives.

Aussi, dans son ensemble, la guerre anglo-boer est-elle, avant tout, lente, de même que, pour des raisons semblables, les différents combats en sont relativement inoffensifs (2) par rapport aux autres batailles modernes.

Ce caractère de lenteur, qui a frappé tous les écrivains militaires et que quelques-uns ont cru pouvoir attribuer aux effets terrifiants de l'armement mo-

(1) Conseil de guerre tenu le 17 mars 1900, à Kroonstad, sous la présidence des présidents Krüger et Steijn.

(2) Les pertes anglaises ont été, par exemple, à Colenso de 6 à 7 p. 100 de l'effectif total, alors qu'en 1870 elles s'élevèrent, du côté des Allemands : à Frœschwiller, à 11 p. 100 de l'effectif total, et à Saint-Privat, sur les corps de la garde et saxon, à 19 p. 100 de l'effectif. A Austerlitz, les pertes furent de 11 p. 100 de l'effectif de la Grande Armée ; dans le IVe corps (Soult), elles atteignirent 17 p. 100.

derne, à la dépression qui suit chaque rencontre et à la nécessité où l'on est de se refaire après chaque épreuve, tient simplement à ce qu'aucun des adversaires, pour des motifs d'ailleurs absolument différents et également discutables, ne fut pressé d'en finir et n'en employa résolument les moyens.

Conduite du combat. — Avant d'exposer les conclusions relatives au combat qui nous semblent découler de l'étude des faits de guerre de la campagne du Transvaal, nous rappellerons d'abord en quelques mots les phases du développement de la bataille, telles qu'elles résultent de l'expérience des dernières campagnes aussi bien que de l'application des doctrines de la guerre moderne.

D'ailleurs, les grandes phases de la bataille correspondent elles-mêmes aux périodes de toute lutte humaine, individuelle ou collective, matérielle ou morale, militaire ou économique, lutte qui comporte essentiellement une phase d'*engagement* (prise de contact) pendant laquelle les adversaires se cherchent, se tâtent, une phase de *préparation* (combat de front), pendant laquelle ils tentent de s'user mutuellement, et, enfin, une phase de *décision* (attaque décisive), dans laquelle le plus fort ou le plus audacieux, jugeant le moment venu, essaie de porter à son ennemi le coup mortel qui doit décider de l'issue de la lutte et lui assurer la victoire.

Ces phases de la bataille se lient naturellement

l'une à l'autre sans transition sensible et leur durée est essentiellement variable : il est clair même que, si l'un des deux adversaires a sur l'autre une supériorité marquée, de renseignement, de force ou d'audace, il peut abréger, voire même supprimer à son profit l'une des phases de la lutte, et tenter d'obtenir la décision immédiate par un coup de force brusqué.

Il peut se faire aussi que l'usure progressive du combat suffise à triompher du moral d'un adversaire affaibli et que l'effort décisif final devienne, dans ces circonstances, superflu.

Mais ce sont là des exceptions dont on ne saurait tirer des conséquences générales; entre adversaires dont les forces matérielles et morales sont comparables, il faut, pour assurer le triomphe de l'un d'eux, que le plus résolu impose à son ennemi la conviction d'une supériorité absolue et il est aussi nécessaire que prudent de sa part d'y consacrer audacieusement toutes les ressources dont il dispose encore. Du reste, l'histoire prouve qu'à toutes les époques les grands capitaines ont, à un certain moment de la bataille, donné le coup de poing victorieux qui renversait à leur profit l'équilibre des forces morales et matérielles et il y aurait lieu d'être surpris qu'une modification survenue dans l'armement, c'est-à-dire un simple progrès matériel, transformât entièrement les conditions toutes morales, qui de deux adversaires font un vainqueur et un vaincu.

C'est cependant cette théorie qui a été récemment émise, sans être d'ailleurs appuyée sur d'autres exemples historiques que ceux de la guerre sud-africaine. Des échecs subis par les Anglais, échecs d'ailleurs indiscutables et notoires, on a cru pouvoir conclure à l'impossibilité de la recherche de la décision par l'attaque et à la nécessité d'une révolution dans la tactique.

Ces échecs sont-ils dus aux effets inattendus de l'armement actuel, et, y a-t-il là, comme on l'a dit, un fait *nouveau* considérable, ou bien ont-ils leur cause dans une fausse doctrine de combat, dans une préparation tactique insuffisante et dans une absence de coordination dans les efforts? Nous n'hésitons pas à répondre que les échecs des Anglais n'ont pas de quoi surprendre, qu'ils sont dus à leurs propres fautes et qu'ils auraient pu souvent même être transformés en désastres, si l'armée anglaise n'avait eu affaire à un adversaire inactif.

Quelle est, en effet, pendant la première partie de la campagne, la physionomie générale d'un combat mené par les troupes anglaises devant une position qu'elles savent occupée par les Boers?

L'action s'engage, dit un témoin oculaire, dans des ténèbres aussi épaisses que si elle avait lieu de nuit et sans que le commandement sache rien du contour apparent, des forces ni du dispositif de l'ennemi. On a, à ce sujet, incriminé la cavalerie anglaise qui, dit-on, ne donna jamais de renseignements utiles si ce n'est des renseignements négatifs. Outre que la cavalerie ne fournira jamais que ce que saura lui demander le commandement, un ensemble de renseignements négatifs procure au chef des indications dont la valeur n'est pas négligeable : rappelons-nous 1806 et les conséquences que sut tirer Napoléon de l'exploration négative de la cavalerie de Murat dans la plaine de Leipzig.

Comment, dans une semblable incertitude sur l'ennemi, l'action s'engage-t-elle ? Y a-t-il de la part des Anglais une prise de contact par des détachements ou des avant-gardes, qui permette de tâter l'ennemi sur tout son front, de le reconnaître, de l'immobiliser, et de prendre à couvert les dispositions que la situation comporte ? Aucunement. Le service de sûreté n'existe pas, non plus que *la notion de l'avant-garde*. Aussi voit-on de lourdes colonnes venir donner à bout portant, comme à Maggersfontein et à Colenso, contre les fusils des Boers, qu'on sait cependant en position. Et, comme si l'absence de lumière dans laquelle se trouve le commandement anglais sur l'ennemi qu'il se propose d'attaquer ne lui suffisait déjà pas, il y ajoute encore souvent l'obscurité de la nuit comme à Stormberg et à Maggersfontein.

L'affaire ainsi commencée sans les intermédiaires de la prise de contact et du combat de préparation, revêt *immédiatement* les caractères de l'attaque, de l'acte *final* du combat, à cela près que l'attaque ne doit être tentée que lorsque l'assaillant s'est antérieurement assuré dans la zone d'attaque la supériorité des moyens, et en particulier celle des feux, indispensables intermédiaires que les Anglais ont négligés, et qu'elle implique une concentration d'efforts et un effet de surprise dont ils ne s'assurent pas le bénéfice.

Qu'arrive-t-il aussi ? C'est que leurs attaques sont décimées, s'arrêtent ou fléchissent et ne réussissent point, et cela n'est pas surprenant, car elles ne remplissent aucune des conditions nécessaires au succès : une préparation insuffisante par le feu, la méconnaissance de la liaison entre l'infanterie et l'artillerie, la dissémination des efforts sur tout le front, l'absence d'organisation, tels sont les caractères communs aux attaques infructueuses des Anglais.

Quant aux Boers, qui avaient choisi une position d'abords naturellement difficiles, dont ils avaient encore renforcé le front par d'excellents travaux de fortification, ils attendaient à l'abri l'attaque des Anglais; la vue étendue dont ils jouissaient du haut des kopjes sur la plaine, le bombardement prémonitoire par lequel l'adversaire annonçait son attaque, les prévenaient à temps des intentions de celui-ci. Ce bombardement, d'ailleurs, en raison de l'absence de liaison entre l'artillerie et l'infanterie anglaises, ne produisait sur les Boers aucun effet, car ceux-ci ne se trouvaient pas, dans le même moment, sous la menace d'abordage de l'infanterie, qui seule eût pu les obliger à se découvrir et les exposer, par suite, aux effets du feu de l'artillerie.

Aussi a-t-on pu dire que l'artillerie anglaise, malgré ses belles qualités de tenue au feu et de sacrifice, ne tuait pas. La faute n'en est pas surtout à elle, et c'est, avant tout, la conséquence d'une fausse doctrine de combat : car, lorsque l'artillerie ne tue pas, la responsabilité en revient surtout à l'infanterie qui fait mal son devoir, de même que, lorsque l'infanterie ne peut progresser, c'est le plus souvent parce que l'artillerie ne travaille pas pour celle-ci.

Quoi qu'il en soit, faute de combat de préparation mené par les Anglais, les Boers n'avaient encore subi, au moment de l'attaque, aucune usure, ni matérielle ni morale, et rien ne les empêchait dès lors d'exercer, à courte portée et à loisir, leurs exceptionnelles qualités de tireurs sur les attaques directes, découvertes et massées de l'adversaire.

Ils se contentaient, d'ailleurs, du demi-succès consitué par l'échec de l'attaque de l'ennemi et, pas plus sur le champ de bataille que dans la conduite de la guerre, ils ne se décidaient à passer à une offensive résolue.

Cette offensive leur était, il est vrai, pour plusieurs raisons presque impossible. Si on peut, en effet, espérer d'une infanterie montée tous les effets du feu, on ne peut attendre d'elle l'attaque à fond, car elle est trop profondément et trop instinctivement liée à ses chevaux pour s'en séparer sans répugnance; d'ailleurs les Boers n'avaient même pas d'arme de choc, pas de baïonnette, et l'eussent-ils possédée, qu'ils n'auraient vraisemblablement, comme l'a excellemment remarqué le regretté capitaine Gilbert, pas attaqué à fond, « parce que l'attaque à fond réclame « l'ordre, la cohésion, l'articulation organique qu'on « ne trouve que dans les armées existant dès le temps « de paix ».

La tactique appliquée par les Boers ne comporte donc qu'une conclusion certaine, c'est que la défensive tactique est incapable de conduire à la victoire, et que celui qui, pour un motif quelconque, est amené à avoir temporairement recours à cette forme de combat, ne peut arriver qu'à maintenir ou à arrêter l'ennemi et doit passer à l'offensive pour obtenir un résultat décisif : faute d'une offensive finale, les succés des Boers ne furent que des demi-victoires, qu'ils ne surent ni compléter, ni exploiter.

Plus tard, la conduite de la guerre et la tactique furent, du côté anglais, assez profondément modifiées par le maréchal Roberts.

Dans la marche générale des opérations, apparut une idée de manœuvre, basée sur une combinaison de forces et ayant un but, celui d'envelopper par de petites colonnes des zones successives et de ramasser les petits groupes, épars et disséminés, de l'ennemi dans des coups de filet analogues à celui qui réussit contre le général Cronje; cette idée de manœuvre, appliquée dans de telles circonstances, devait porter ses fruits.

Quant aux procédés tactiques nouveaux, ils furent déterminés principalement par l'immense disproportion numérique qui exista dans chaque affaire entre les forces engagées, d'une part, par les Anglais et, d'autre part, par les commandos boers, et parce qu'on savait l'ennemi résolu et obligé, par le fait même de son infériorité numérique, à ne pas pousser, dans chaque engagement, sa résistance à l'extrême, afin de pouvoir durer plus longtemps.

Malgré l'existence d'une sorte de service de sûreté, très lâche d'ailleurs mais suffisant dans l'occurrence, que constituaient les troupes montées, on ne voit *aucun engagement d'avant-garde* préluder à l'action. Deux lignes opposées à 2.000 mètres l'une de l'autre (portée extrême du fusil) sont face à face, l'une, celle des Boers, attendant dans ses tranchées l'attaque, l'autre, celle des Anglais, résolue à obtenir la solution de l'affaire avec le minimum de dépense. De tels procédés peuvent réussir dans la situation très particulière où s'est trouvé le commandement anglais, mais qu'il y a loin de là à la bataille moderne entre armées européennes !

Aussi l'affaire commence-t-elle du côté des Anglais

par l'expectative, chacun attendant du voisin l'action et l'énergie; et le *war cloud*, comme l'ont appelé les Anglais, n'est pas, comme d'aucuns l'ont cru, un phénomène nouveau du combat moderne, mais la manifestation claire, d'une part du manque de renseignements où se trouve le commandement par suite de l'absence du combat d'avant-garde, d'autre part du manque d'activité de l'armée anglaise dont un spectateur a pu dire que « malgré toutes ses apparences d'activité, elle était restée moralement *dans* « *l'inaction* ».

L'engagement de l'artillerie qui entamait avec l'artillerie boer un duel qui resta toujours, comme nous l'avons dit, sans conséquence, faute de liaison avec l'infanterie et de notion du combat de préparation, suivait la phase du *war cloud*.

Après quoi, pendant qu'une partie des forces se contentait de contenir l'ennemi sur le front (*contending-line*), l'autre partie, constituée par la cavalerie ou les troupes montées, s'élevait sur les flancs des Boers, dont le déploiement prématuré et l'immobilité permettaient les mouvements à grande envergure (1),

(1) Un témoin oculaire du combat d'Abrahams Kraal (10 mars 1900), du côté boér, a vu les colonnes anglaises défiler depuis 7 heures du matin jusqu'à 1 heure après-midi, de flanc, devant les positions occupées par les Boers, sans que ceux-ci aient tenté quoi que ce soit contre l'ennemi ; aussi, le soir, le mouvement tournant des Anglais était-il achevé sans effort et les Boers en pleine déroute.

car on était assuré de ne jamais recevoir de leur part une poussée offensive sur le centre, qui aurait pu avoir de graves conséquences.

Lorsque l'attaque enveloppante arrivait à atteindre les flancs de l'ennemi, ce qui coïncidait généralement avec la fin de la journée, c'était pour les Boers le signal de la retraite, sans qu'à ce moment, les troupes anglaises de front (*contending-line*) fussent encore arrivées à moins de 800 mètres de l'ennemi, sans qu'elles eussent tenté un abordage, qui n'était d'ailleurs pas nécessaire pour assurer le demi-succès de la journée.

En résumé, la tactique que les Anglais ont appliquée au commencement de la campagne et qui les a conduits à des échecs graves, est caractérisée :

a) Par l'absence d'un service de sûreté organisé;

b) Par la méconnaissance de l'emploi de l'avant-garde;

c) Par le défaut général d'idée de manœuvre ;

d) Par le manque de combat de préparation;

e) Par le passage immédiat sur tout le front à la phase de décision;

f) Par le lancement d'attaques multiples, non organisées, mal soutenues faute de coopération de l'infanterie et de l'artillerie, et ne donnant pas à fond.

L'insuccès de ces attaques qui a entraîné celui de

la bataille n'a pas de quoi surprendre; et les auteurs qui en ont conclu à l'impossibilité de l'attaque préparée et organisée, ont paru oublier que celle-ci doit faire suite à un long combat où l'on a, au préalable, acquis sur l'ennemi la supériorité du feu ; ils ont confondu la préparation avec la décision et ont conséquemment condamné l'application, au moment de la décision, de procédés et de moyens qui seraient, en effet, injustifiés dans la phase de préparation.

Quant aux procédés de combat employés par le maréchal Roberts et dont nous nous garderons de critiquer l'application au cas très particulier d'un adversaire fort inférieur en nombre, immobilisé dans la défensive tactique et dont la seule activité consiste à étendre ses ailes sans jamais tenter un effort direct offensif, ils ne pourraient certes conduire qu'à un désastre devant un ennemi manœuvrier qui saurait parer à l'enveloppement en couvrant ses ailes par des détachements et profiter du mouvement enveloppant et de l'affaiblissement du front pour jouer de ses réserves et enfoncer le centre ennemi.

Et toutes les conclusions qu'on a tirées de cette forme de manœuvre relativement à l'inviolabilité du front et au seul succès possible de l'attaque enveloppante nous semblent exagérées et non fondées.

Est-ce à dire que l'expérience de la guerre du Transvaal ne permette de tirer aucune conclusion pratique et qu'elle n'entraîne pas des transformations, sinon dans le développement général de la bataille, du moins dans les procédés de combat, en un mot, dans la tactique que visait le mot de Napoléon, dont on a tant abusé, « que la tactique doit changer tous les dix ans ».

Non certes. Mais les enseignements de cette campagne, loin d'introduire dans l'art de la guerre une révolution subite, n'ont fait que confirmer la nécessité de son évolution, la justesse de certaines idées qui avaient déjà été émises à la suite de l'apparition de l'armement nouveau, et l'utilité de nouvelles études.

Ainsi, il est naturel que la phase d'engagement, la prise de contact, soit d'autant plus difficile, d'autant plus délicate que les deux adversaires sont mieux armés pour la lutte, plus préparés et plus habiles dans l'emploi de leurs moyens d'action et nous ne devons pas être surpris de constater que la prise de contact devient d'autant plus malaisée et d'autant plus incertaine et, partant, d'autant plus longue, que l'armement devient plus perfectionné : c'est donc un motif d'y mettre plus de sagacité et plus d'art, et de rechercher si la puissance de l'armement nouveau ne nous en donne pas précisément les moyens.

Quant à la phase de préparation, on s'était rendu

compte, depuis plusieurs années déjà, que l'armement nouveau devait faire subir des modifications profondes à l'emploi des feux et aux formations d'approche et on était peu à peu arrivé à l'usage de formations plus souples et moins vulnérables, à une meilleure utilisation du terrain, à l'emploi des moindres cheminements et des plus insignifiants couverts pour progresser, en même temps qu'à un appui plus efficace par le feu pour aider à la marche en avant. La guerre sud-africaine a démontré d'ailleurs l'utilité grandissante de ces précautions et aussi la nécessité de développer au plus haut point chez le soldat les qualités individuelles de fermeté et d'initiative qui joueront un rôle d'autant plus prépondérant que le soldat sera moins encadré et plus livré à lui-même.

Mais elle a fait ressortir, une fois de plus, combien il importe de cultiver et d'accroître à l'extrême, chez tous, l'esprit d'offensive et combien, par suite, la propagation des doctrines de défensive tactique est malsaine et peut devenir dangereuse; car c'est l'effort offensif énergique et continu de tous sur tout le front qui permet seul d'user l'ennemi, le commandement restant d'ailleurs maître, par l'intervention des réserves, d'augmenter ou de limiter la capacité offensive des diverses unités, suivant la mission qu'il leur a dévolue.

Il apparaît aussi nettement que les grands duels d'armes par lesquels certains ont pensé que préluderaient les batailles futures sont aussi dangereux qu'inutiles ; que, loin de comporter une lutte successive des différentes armes, le combat, pour produire l'usure de l'ennemi, doit avoir constamment recours à une lutte coopérante de toutes les armes. Il semble aussi que les progrès de l'armement facilitent l'économie des forces et le jeu des réserves et donnent plus d'aisance et plus de portée à la manœuvre ; ils doivent, par suite, permettre d'user l'ennemi en engageant moins de forces et donner la possibilité de prendre, plus qu'autrefois, sinon plus vite, une supériorité de feux marquée sur l'adversaire ; et ces différents facteurs, en facilitant l'usure et la démoralisation de l'ennemi par le combat de préparation, doivent rendre l'effort décisif plus facile.

Reste la décision : par cela même que l'organisme dont on poursuit la destruction est plus perfectionné et mieux organisé, il paraît probable qu'une dissémination d'efforts de détail doit rester impuissante à assurer la décision et que, plus que jamais, il faut que les efforts destinés à la produire soit organisés, coordonnés et convergents ; par suite, il ne saurait appartenir qu'au chef suprême de déterminer le moment, la nature et la forme de l'attaque décisive en y consacrant toutes les forces qu'il a pu réserver dans ce but ; et les progrès de l'armement doivent, là encore, lui donner le moyen d'acquérir sur l'ennemi une supériorité de feux énorme qu'il ne reste plus qu'à exploiter.

Si nous voulons serrer de plus près la question et voir comment, dans l'application, les progrès de l'armement nouveau peuvent être mis à profit dans les diverses phases de la bataille, il semble, qu'à défaut de la guerre, l'étude complète et raisonnée sur le terrain de nombreux cas concrets soit de nature à éclairer la discussion et à déterminer l'ordre des progrès réalisables et la voie dans laquelle doivent être orientées les recherches pour l'avenir.

Cette méthode, qui a déjà fait ses preuves tant en France qu'en Allemagne, permet, à défaut de faits de guerre, de raisonner sur des situations précises et des données fermes et nous semble un excellent instrument d'étude.

Nous avons eu récemment l'occasion de l'appliquer à une étude tactique détaillée, exécutée à double action sur le terrain, dont les résultats nous paraissent utiles à exposer, à titre de contribution à la discussion.

ÉTUDE TACTIQUE SUR LE TERRAIN

Le but de cette étude tactique a été de mettre en présence deux armées de même force et de même composition, l'une, dite armée du Sud, l'autre, l'armée ennemie, dite de l'Est, effectivement conduites l'une et l'autre, mais manœuvrant d'après des doctrines tactiques opposées.

Dans la conduite de l'une nous avons mis en pratique les principes qui ressortent de l'étude des faits historiques, en introduisant dans leur application les modifications qui nous semblent résulter des propriétés de l'armement nouveau.

Pour l'autre, l'armée ennemie, il nous a semblé intéressant de faire appliquer les théories qui se sont fait jour récemment et qui ont été données par certains comme représentant la tactique de l'avenir.

La marche sur de grands fronts, par petites colonnes, ayant pour but de réaliser l'enveloppement immédiat de l'adversaire, avait été déjà préconisée depuis plusieurs années dans un certain nombre d'études militaires; cette formule a encore bénéficié d'un regain de faveur après la campagne sud-africaine, dans la seconde partie de laquelle les résultats obtenus par les Anglais ont été habituellement dus à un mouvement enveloppant.

Il nous a donc paru qu'il y avait lieu, dans cet exercice, de faire appliquer par l'ennemi une semblable tactique, de façon à pouvoir étudier sur le terrain même les avantages qu'elle peut procurer, les dangers qu'elle risque de présenter, et à être aussi en mesure de rechercher les moyens dont l'adversaire peut user pour y parer efficacement.

Nous avons, en conséquence, donné à un officier mission de conduire l'ennemi à partir de la situation initiale et nous lui avons laissé toute liberté d'action, sauf à appliquer les principes de marche par petites colonnes, sur un front étendu, et de recherche de l'enveloppement immédiat.

Estimant, au contraire, que les conditions fondamentales, auxquelles doit satisfaire tout dispositif de marche avant la bataille, ont été méconnues par les défenseurs de la marche par petites colonnes, nous avons adopté un dispositif articulé, souple et en profondeur.

La marche par petites colonnes a, en effet, à notre avis, tous les inconvénients et tous les dangers d'un déploiement préconçu et prématuré avec toutes ses conséquences : c'est la négation même de la manœuvre, dont l'idée, comme la réalisation, est inséparable de la profondeur dans la formation.

Les défauts de ce dispositif ne sont pas moindres en ce qui concerne l'action du commandement : les petites colonnes, réparties sur un front très étendu, échappent plus ou moins au chef et leur emploi tend à transformer une action générale, *conçue* et *conduite* d'après les vues du chef, en une série d'actions partielles, sans coordination et sans convergence.

Tout dispositif de marche rationnel doit, au contraire, satisfaire aux conditions essentielles

de permettre la facilité des mouvements,

d'assurer la liberté de manœuvre,

conditions qui ont pour conséquence immédiate l'existence d'une *avant-garde* et le choix d'une formation *souple* et *en profondeur*.

Il doit, d'ailleurs, être entendu qu'il ne saurait entrer dans notre intention de préconiser une forme de dispositif plutôt qu'une autre, qui serait susceptible de s'appliquer à toutes les circonstances; nous avons personnellement fait choix pour la marche de l'armée du Sud de la formation en losange, qui répond aux desiderata exprimés ci-dessus, et dont nous aurons l'occasion de constater la souplesse.

L'étude faite sur le terrain des situations journalières respectives de l'armée du Sud et de l'ennemi, la discussion détaillée à laquelle elles ont donné lieu nous ont conduit à un ensemble de conclusions dont les plus importantes se rapportent aux points de doctrine les plus controversés en ce moment, c'est à-dire :

1° A la prise de contact;

2° A l'attaque décisive.

CHAPITRE PREMIER

LA PRISE DE CONTACT

Il est reconnu, et le fait avait été déjà prévu lors de l'apparition de l'armement nouveau, que la prise de contact est rendue très difficile par l'invisibilité, par la rapidité et par la grande portée du tir des armes actuelles, et il est évident qu'elle est d'autant plus malaisée que le front de l'ennemi s'étend davantage.

L'exploration par la cavalerie devient très aléatoire et peut même être plus ou moins paralysée, malgré l'aide du canon.

Si même la cavalerie parvient à percer le service de sûreté de l'ennemi, elle sera le plus souvent impuissante à reconnaître l'adversaire, surtout si celui-ci a pris, en vue de la défensive, un dispositif de stationnement gardé.

Mais ces résultats, que la cavalerie seule aura dorénavant beaucoup de peine à obtenir, l'armement nouveau nous donne le moyen de les atteindre avec des éléments plus puissants, assez légers, sans doute, pour pouvoir se dérober aisément, mais aussi assez forts pour tromper l'ennemi et l'amener à se révéler et à prendre des dispositions prématurées.

Pour que ces éléments aient à la fois la force suffisante pour exécuter leur mission et la mobilité nécessaire pour se dérober en temps opportun, il faut qu'ils comportent des fractions d'infanterie et d'artillerie, tout en conservant un faible effectif.

Grâce à l'accroissement de puissance de l'armement nouveau, les petits détachements des trois armes sont aujourd'hui en état de remplir cette mission, qu'on n'aurait pu attendre d'eux avant les perfectionnements apportés à l'armement.

Un petit détachement mixte aurait été, en effet, autrefois, en raison de la faible portée des armes, ou inefficace, ou rapidement accroché par l'ennemi, en même temps qu'il lui aurait été impossible, aux petites distances de combat, de cacher sa faiblesse à l'adversaire.

Aujourd'hui, au contraire, la grande portée, la rapidité, l'invisibilité du tir ont considérablement augmenté la capacité de résistance des détachements mixtes, leur facilité à dissimuler leur véritable importance et leur aptitude à rompre le combat : grâce à ces propriétés nouvelles, qu'ils tiennent de l'armement, ils peuvent maintenant, par l'occupation de points d'appui répartis sur un front étendu et par l'activité de leur feu, tromper assez longtemps l'ennemi sur leur propre force, en même temps qu'ils conservent, en raison de leur faible effectif, une légèreté et une souplesse qui leur permettent de se dérober aisément : la guerre anglo-boer en a, d'ailleurs, fourni des preuves réitérées.

Ces détachements sont, par suite, en état de rendre les plus grands services pour reconnaître, pour attirer ou pour retarder l'ennemi, et nous estimons qu'il faut avoir recours à leur emploi pour faciliter l'exploration et la prise de contact.

Ces organes nouveaux seront destinés, suivant que l'attitude de leur parti sera offensive ou défensive, à jouer plus particulièrement le rôle d'exploration ou celui de couverture; pour simplifier la terminologie, comme aussi pour marquer que les mêmes principes de sûreté s'appliquent dans les deux cas, nous les dénommerons dorénavant *détachements de couverture*, de même qu'on a pris l'habitude rationnelle d'étendre le nom d'avant-garde à un détachement en position, après l'avoir appliqué seulement d'abord au cas de la marche.

Voyons maintenant comment on doit concevoir l'emploi des détachements de couverture.

Ils devront former autour de l'armée un réseau de sûreté mobile qui couvrira le front et, suivant le cas, le ou les flancs menacés et qui se déplacera en même temps que celle-ci. Ils seront fournis, d'après la formation de la marche, par les divers corps d'armée et lancés en avant des avant-gardes et sur les flancs.

Leur force sera naturellement déterminée par les circonstances, mais ils devront, en principe, pour rendre les services qu'on est en droit d'attendre d'eux, comporter des fractions des trois armes. Les intervalles entre ces détachements seront variables, les routes, les grandes directions d'accès devant être tenues, tandis que les régions peu pénétrables peuvent être plus dégarnies : l'intervalle entre deux détachements devra cependant être réglé de façon que la liaison reste maintenue et que de gros paquets ne puissent passer entre eux.

Ils agiront en liaison avec la cavalerie, soit en arrière d'elle, lorsqu'elle ne sera pas arrêtée dans ses progrès, soit en combinaison, lorsque leur intervention deviendra nécessaire. Dans ce dernier cas, l'action combinée de la cavalerie et des détachements de couverture permettra de maîtriser la cavalerie ennemie, même supérieure, et fournira peut-être les moyens de la vaincre en la forçant à passer par des couloirs battus où notre cavalerie, appuyée par les détachements, pourra infliger un échec aux escadrons ennemis.

Lors de la prise de contact, les détachements de couverture auront un rôle double : masquant le front de l'armée, ils rendront d'une part la reconnaissance que tentera l'ennemi très difficile et pourront même l'amener à des renseignements erronés, à de faux mouvements ou à un déploiement prématuré; leurs engagements avec les têtes de colonnes fourniront, d'autre part, sur la marche des colonnes ennemies et sur leur force des données importantes.

On comprend facilement, par exemple, qu'un détachement d'un millier de fusils et de quelques pièces d'artillerie, disposant pour s'éclairer d'un peu de cavalerie, sera en mesure, en s'appuyant à de bons points d'appui, d'arrêter la tête d'une colonne, même forte, de l'obliger à une certaine prudence et de lui faire, par suite, perdre du temps. Souvent même, en faisant *du volume*, il amènera l'ennemi à engager des forces supérieures et à prendre des dispositions prématurées; dès que le détachement se sentira trop pressé, il se dérobera lestement, pour aller refaire le même jeu en arrière, à moins qu'il ne soit soutenu par l'avant-garde, dans laquelle il se fondra.

Les engagements livrés sur tout le front du réseau des détachements de couverture permettront au commandement de déterminer un contour apparent nettement dessiné de l'ennemi, non plus comme autrefois sur un front forcément restreint, celui de l'avant-garde, mais sur le front réel de l'adversaire, en même temps qu'ils lui offriront les moyens de porter sur les forces opposées un jugement plus assuré.

L'emploi de ces détachements permettra en outre de préparer le passage du front de marche au front de combat, car, en occupant les points de force du terrain, ils rendront le déploiement des corps d'armée plus facile.

Si l'on a affaire à un ennemi qui cherche à poursuivre la réalisation de l'enveloppement immédiat, leur concours deviendra particulièrement précieux. Le principal danger d'une semblable manœuvre de l'adversaire est, en effet, de placer dans une situation délicate notre corps d'avant-garde, qui serait vraisemblablement conduit, soit à manœuvrer en retraite, soit à étendre beaucoup son front pour lutter contre les forces supérieures auxquelles il aurait affaire au début. La situation change par l'emploi des détachements de couverture, car les détachements lancés par les corps de seconde ligne couvriront naturellement les flancs du corps d'avant-garde, pareront aux premières tentatives d'enveloppement, et faciliteront ainsi grandement la manœuvre du corps d'avant-garde; dans la suite ils rendront plus aisée l'entrée en action des corps de seconde ligne, dont ils occuperont le front même.

Il appartiendra au commandant de l'armée de fixer dans l'ordre d'opérations le front du réseau des détachements de couverture ainsi que les liaisons entre les corps d'armée, et de déterminer leur mission générale, ou certaines missions spéciales, s'il y a lieu.

Il est clair que de semblables détachements exigeront à leur tête des chefs intelligents, actifs et, par dessus tout, habitués à l'initiative : plus que tout autre, notre corps d'officiers nous offre à cet égard toutes les ressources; il suffira de les utiliser.

Les résultats multiples que nous attendons du réseau des détachements de couverture peuvent donc se résumer de la façon suivante :

1° Donner du champ à la cavalerie, dans le cas où son infériorité par rapport à la cavalerie adverse la mettrait dans l'impossibilité de tenter avec ses seules forces la lutte avec cette dernière;

2° Recueillir la cavalerie battue; l'aider à arrêter la cavalerie ennemie, peut-être même à reprendre barre sur elle;

3° Exercer en avant des avant-gardes une exploration efficace qui, donnant au gros plus de temps et plus d'espace, augmente sa liberté de mouvement;

4° Prendre le contact de l'ennemi et le maintenir en cédant à la pression, mais en l'exigeant aussi forte que possible, sans s'engager à fond;

5° Percer les rideaux dont l'armée adverse pourrait s'envelopper;

6° Gagner du temps, en résistant sur une série de positions successives;

7° Parer aux premières tentatives d'enveloppement et faciliter l'entrée en action des avant-gardes par la mainmise sur les points d'appui principaux.

Il a été déjà fait usage à la bataille de la Lisaine,

par le général de Werder, d'un semblable système de détachements avancés de sûreté. Mais l'armement de 1870 ne permettait ni de lui donner le développement que nous proposons, ni d'escompter les résultats que nous sommes en droit d'en attendre. Les détachements lancés par le général de Werder étaient au nombre de sept, se trouvaient à une douzaine de kilomètres de la position occupée et couvraient un front de 48 kilomètres de Ronchamp à Delle; ils avaient pour mission, comme il ressort des ordres qui leur furent donnés, de couvrir, de renseigner et de prendre le contact.

On sera peut-être tenté de nous objecter qu'à la bataille de la Lisaine l'armée allemande occupait une position défensive et d'en faire état pour contester à une armée en marche et résolument décidée à l'offensive la possibilité d'employer avec succès ces détachements avancés.

Cette objection ne semble pas fondée : les dangers ne peuvent commencer pour les détachements de couverture qu'à partir de la prise de contact et provenir de l'accrochage; or, il s'agit alors pour eux de jouer un jeu d'arrière-garde, qui leur sera d'ailleurs plus facile qu'à une arrière-garde, car la poussée de l'ennemi comportera certes plus de prudence, en présence d'un adversaire dont la force sera mal connue et sur lequel on n'aura pas encore remporté d'avantage.

Voyons maintenant l'application au cas concret :

Situation initiale.

Une armée, dite du Sud, et comprenant quatre corps d'armée, à composition normale française, les 21e, 22e, 23e, 24e corps, ayant terminé le 28 mai sa concentration dans la région Noyers, Vézelay, Avallon, Guillon, reçoit l'ordre de se porter dans la direction générale du Nord-Ouest pour attaquer de flanc des forces ennemies qui ont atteint Bar-le-Duc et semblent marcher sur Paris.

Journée du 29 mai (1).

A la suite de la première marche, la situation de l'armée du Sud est la suivante :

En 1re ligne : Le 23e corps d'armée, formant avant-garde générale, a son avant-garde à Maligny, son gros échelonné entre Poinchy et Lichères-près-Aigremont; détachements de couverture à Ligny-le-Châtel, Dyé, Montigny-la-Resté.

En 2e ligne :

A droite, le 21e corps d'armée : avant-garde à Moulins-près-Noyers; gros entre Censy et Marmeaux; détachements de couverture : les Mulots, Pacy-sur-Armançon, Nuits-sur-Armançon;

---

(1) Voir le croquis n° 1.

A gauche, le 24e corps d'armée : avant-garde à Cheuilly; gros entre Vermenton et Voutenay.

En 3e ligne : le 22e corps d'armée (1) : tête à Joux-la-Ville, queue à Avallon.

La cavalerie couvre sur l'Armançon le front et la droite de l'armée :

Les 23e et 24e brigades réunies en division provisoire à Saint-Florentin;

La 21e brigade à Tonnerre;

La 22e brigade à Ravières.

Dans cette situation, l'armée du Sud reçoit l'ordre de suspendre son mouvement vers le Nord-Ouest et de se porter dans la direction générale de Bar-sur-Seine au-devant des forces ennemies (2) qui ont amorcé un changement de direction vers le Sud-Ouest, couvertes par de la cavalerie dans la région de Saint-Remy-en-Bouzemont.

Journée du 30 mai (3).

En exécution de l'ordre d'opérations pour le 30

(1) Chacun des corps d'armée peut utiliser, d'ailleurs, le réseau routier disponible pour marcher en deux colonnes.

(2) L'armée ennemie, dite armée de l'Est, a la même composition (Ier, IIe, IIIe, IVe corps). Ses têtes de colonnes atteignent, le 29 mai, au soir, la Saulx, de Sermaize à Stainville.

(3) Voir le croquis n° 2.

mai, l'armée du Sud doit exécuter le changement de direction, en conservant la formation en losange, le 21e corps d'armée devenant corps d'avant-garde, les 22e et 23e corps d'armée en échelon à droite et à gauche, le 24e en queue derrière le centre.

A la fin de la journée, la situation est la suivante :

En 1re ligne : Le 21e corps d'armée : avant-garde à Molosmes; tête du gros à Epineuil, queue à Fresnes; détachements de couverture à Etourvy, Rugny et Chaserey;

En 2e ligne :

A droite, le 22e corps d'armée : avant-garde à Lézinnes; tête du gros à Sambourg, queue à Massangis; détachements de couverture à Pimelles et Ancy-le-Franc;

A gauche, le 23e corps d'armée : avant-garde à Tronchoy; tête du gros à Roffey, queue à Chemilly-sur-Serein; détachements de couverture à Lignières, Flogny et Varennes.

En 3e ligne : Le 24e corps d'armée : tête à Aigremont, queue à Séry.

La cavalerie couvre le changement de direction :

La division provisoire, à gauche, à Auxon;

La 21e brigade, sur le front, à Villiers-sous-Praslin;

La 22e brigade, à droite, à Laignes.

Le simple examen des croquis n° 1 et n° 2, correspondant aux journées des 29 et 30 mai, permet de se rendre compte de la facilité avec laquelle l'armée du Sud a exécuté son changement de direction sans modifier son dispositif. Nous ferons aussi remarquer, en passant, la souplesse des détachements de couverture dans cette conversion : ceux des 23e et 21e corps d'armée venant continuer sur le nouveau front leur mission antérieure, tandis que le 22e corps lance de son avant-garde deux détachements qui viennent occuper Pimelles et Ancy-le-Franc.

Journée du 31 mai (1).

Le 31 mai, l'armée du Sud continue sa marche sur Bar-sur-Seine. Le soir, sa formation est la suivante :

En 1re ligne : Le 21e corps d'armée, formant avant-garde générale, a son avant-garde à Praslin, son gros échelonné entre Balnot-la-Grange et Mélisey;

En 2e ligne :

A droite, le 22e corps d'armée : avant-garde à Villon, gros entre Cruzy-le-Châtel et Sambourg;

A gauche, le 23e corps d'armée, avant-garde à Prusy, gros entre Coussegrey et Serrigny;

En 3e ligne : Le 24e corps d'armée, tête à Tonnerre, queue à Aigremont.

---

(1) Voir le croquis n° 3.

La cavalerie est sur la Seine :

La 22e brigade à Gyé-sur-Seine;

La 21e à Bar-sur-Seine;

La division provisoire n° 1, avec 2 batteries, à Troyes.

En arrière de la cavalerie, l'armée est couverte par un réseau de détachements de couverture détachés des avant-gardes ou des gros des corps d'armée, et occupant :

Ceux du 22e corps : Laignes, Villedieu, Beauvoir;

Ceux du 21e corps : Balnot-sur-Laignes, Villemorien, les Bordes;

Ceux du 23e corps : Chaource, la Loge-Pomblin, Chessy.

Journée du 1er juin (1).

A la suite des renseignements indiquant que, le 31 mai, les têtes de colonnes ennemies atteignaient Montiérender et Vassy et qu'une cavalerie importante était vers Lesmont, l'armée du Sud continue sa marche au-devant de l'ennemi dans la direction générale de Vendeuvre.

En conséquence, le 1er juin soir :

Le corps d'armée d'avant-garde (21e corps) qui a pour mission de couvrir le lendemain le passage de la Seine par l'armée, a une division sur le front Ma-

(1) Voir le croquis n° 4.

gnant-Briel, le reste du corps d'armée sur la Seine entre Bar-sur-Seine et Fouchères.

Les corps de seconde ligne ont atteint :

Le 22e, avec son avant-garde Polisy, son gros entre les Riceys et Arthonnay;

Le 23e, avec son avant-garde Vougrey, son gros entre Chaource et Coussegrey;

En 3e ligne : le 24e corps d'armée, tête à Quincerot, queue à Tonnerre.

Les 21e et 22e brigades de cavalerie, avec 2 batteries à cheval, ont été réunies en une division provisoire, dite n° 2. Cette division, qui avait pour mission de s'emparer des passages de l'Aube, s'est heurtée à l'ennemi et tient le soir le front Vendeuvre-Montmartin, soutenue par des détachements de couverture venus à Vendeuvre et Montmartin.

La division de cavalerie n° 1, qui avait mission d'interdire le couloir entre la Seine et la forêt du Grand-Orient, s'est heurtée à une cavalerie supérieure et se maintient le soir sur le front Géraudot-Dosches, soutenue par des détachements de couverture venus à Mesnil-Saint-Père, Courteranges et Montaulin.

Les détachements de couverture tiennent un front de 36 kilomètres (1) et occupent :

---

(1) Remarquons en passant que la présence des détachements de couverture est, dans le cas présent, d'autant plus précieuse que, par suite du terrain, l'armée est réduite à marcher sur un front étroit entre la forêt d'Aumont-Rumilly et la forêt de l'Hôpital.

Ceux du 22e corps : Essoyes, Noé-les-Mallets, Eguilly;

Ceux du 21e corps : Montmartin, Vendeuvre, Mesnil-Saint-Père;

Ceux du 23e corps : Courteranges, Montaulin, Cormost.

Du côté de l'ennemi :

L'armée de l'Est est couverte à droite par la Xe division de cavalerie (Ire, IIe, IIIe brigades de cavalerie) qui occupe la région de Bouy-Luxembourg au nord-ouest de la forêt du Grand-Orient ; marchant par colonnes de division, elle atteint, le 1er juin soir, l'Aube sur un front de 32 kilomètres : la Ire division à Lesmont, la IIe à Précy, la IIIe à Brienne, la IVe à Dienville, la Ve à Jessains, la VIe à Dolancourt. Le IVe corps est encore un peu en arrière de l'Aube : sa cavalerie (IVe brigade de cavalerie) est à Bar-sur-Aube; la VIIe division a sa tête à Fresnay, la VIIIe division à Thors.

Les avant-postes du IIIe corps (Ve et VIe divisions) sont en contact avec l'armée du Sud et occupent Vauchonvilliers et Maison-des-Champs.

Les services rendus à l'armée du Sud par les détachements de couverture, le 1er juin, résultent nettement de l'examen du croquis n° 4, correspondant à cette journée : l'intervention de ces détachements a pu aider fortement la division de cavalerie n° 1 et la division de cavalerie n° 2 avec lesquelles ils sont entrés en combinaison.

Journée du 2 juin (1).

Pour nous rendre compte du concours fourni par les détachements de couverture le 2 juin, jusqu'à l'entrée en action des avant-gardes, il y a lieu d'examiner d'abord les dispositions prises par les deux adversaires pour cette journée.

L'armée du Sud doit, sous la protection du 21e corps d'armée tenant solidement dès le matin le front Magnant-Briel, franchir d'abord la Seine; lorsque les avant-gardes des corps de seconde ligne auront atteint le front Villemoyenne, Ville-sur-Arce, le 21e corps reprendra sa marche contre l'ennemi dans la direction de Magny-Fouchard, le 22e corps d'armée marchant sur Longpré, Vitry-le-Croisé, le 23e sur Vendeuvre, le 24e en réserve.

Du côté de l'ennemi (armée de l'Est), les ordres donnés ont pour but de réaliser l'enveloppement immédiat : le Ier corps, passant au nord de la forêt du Grand-Orient et précédé par la Xe division de cavalerie qui doit lui ouvrir le débouché de Lusigny, doit se porter d'abord sur Brévonne; le IIe corps, n'engageant qu'une division, sur Vendeuvre; le IIIe corps,

---

(1) Voir le croquis n° 4.

sur Thieffrain et Beurey; le IVe corps, sur Vitry-le-Croisé et Champignol.

Des dispositions de l'ennemi, il résulte que trois divisions (IIIe, V[e], VIe) vont être presque immédiatement opposées aux têtes de colonnes de l'armée du Sud, tandis que l'enveloppement sera tenté au Nord par un corps d'armée, au Sud par une division.

Ce déploiement immédiat et préconçu — qui présente d'ailleurs, à notre avis, pour celui qui l'exécute les désavantages ultérieurs les plus sérieux, que nous ferons ressortir plus tard — va opposer cependant au corps d'avant-garde de l'armée du Sud des forces supérieures, auxquelles il devra faire face seul pendant quelques heures. C'est une situation à laquelle il faut dès maintenant s'attendre devant un ennemi manœuvrant d'après ces principes et à laquelle on peut évidemment parer en ayant recours, s'il est nécessaire, à la manœuvre en retraite.

Mais la difficulté de la situation va être ici considérablement diminuée par l'existence des détachements de couverture : les détachements de Vendeuvre, de Montmartin, d'Eguilly vont d'abord reconnaître les forces ennemies, les contenir et retarder leurs progrès; puis, dans leur mouvement de repliement, ils viendront former détachements d'aile du corps d'armée d'avant-garde, couvriront ses flancs, lui éviteront d'être obligé de s'étendre et faciliteront ensuite l'entrée en action des têtes de colonne des 22e et 23e corps d'armée. Le détachement de Mesnil-Saint-Père barrera facilement les routes de la forêt du Grand-Orient, tandis que ceux du 23e corps réunis aideront la division de cavalerie n° 1 à interdire le couloir entre la forêt du Grand-Orient et la Seine.

Quant à ceux de la rive gauche de l'Arce, ils couvriront la droite de l'armée, pareront à l'enveloppement et donneront le temps d'envoyer, s'il y a lieu, au-devant de la VIIIe division ennemie, des forces plus importantes.

Comparons maintenant rapidement, au point de vue de la facilité de mouvement et de l'aptitude à la manœuvre, le dispositif profond et articulé de l'armée du Sud à la formation déployée de l'armée de l'Est.

Il ressort de l'étude des journées des 29, 30, 31 mai (1) que le changement de direction de l'armée du Sud a été très facile, de même que l'examen du croquis n° 4, relatif à la journée du 1er juin, montre que l'armée du Sud, arrivée au contact, reste maîtresse de faire manœuvrer son gros et de le porter soit vers Vendeuvre, soit à l'ouest de la forêt du Grand-Orient, soit dans toute autre direction où son emploi deviendrait utile.

---

(1) Voir les croquis nos 1, 2 et 3.

Examinons, au contraire, pour nous rendre compte de la valeur de la marche déployée par petites colonnes, une situation concrète, celle de l'armée de l'Est, le 1er juin (1).

Cette armée n'a de facilité de mouvement qu'en avant, et si un changement de direction lui devenait nécessaire, il serait, par suite de sa formation, long et difficile. Si elle n'a pas la chance d'arriver (comme nous l'avons admis dans l'exercice sur le terrain, tout à son avantage d'ailleurs) front contre front, elle risque de voir son aile écrasée par l'adversaire avant d'avoir pu réaliser un changement de front.

Elle n'a pas de liberté de manœuvre, et, une fois accrochée, elle ne peut facilement ni manœuvrer ni refuser la bataille.

Enfin, n'ayant pas de profondeur, elle est vulnérable partout, si le succès qu'elle attend d'une manœuvre préconçue n'est pas obtenu immédiatement.

Cette formation de marche d'armée n'est donc admissible que devant un ennemi immobile et inactif contre lequel on peut obtenir une décision immédiate et brusquée et ne peut se justifier que par le mépris de l'adversaire, puisqu'elle repose sur l'incapacité de manœuvre de celui-ci.

---

(1) Voir le croquis n° 4.

CHAPITRE II

L'ATTAQUE DÉCISIVE

Ainsi que nous l'avons vu dans l'introduction, les insuccès réitérés des attaques sans préparation et sans organisation des Anglais dans la guerre sud-africaine ont conduit certains écrivains militaires à conclure à l'impossibilité de *l'attaque décisive*, c'est-à-dire de l'attaque, exécutée par un gros de troupes non encore engagées, contre l'objectif tactique que le commandement suprême choisit et au moment qu'il détermine.

Les uns, poussant jusqu'à ses limites leur théorie, ont voulu obtenir le succès en attaquant le moins possible : ils ont été naturellement conduits à ne plus chercher la solution sur le champ de bataille et à la demander à la manœuvre stratégique. L'inviolabilité du front et l'immobilité — pour ne pas dire l'incapacité — de l'ennemi sont les deux postulats sur lesquels repose leur conception. Ils admettent, en outre, qu'il n'est pas nécessaire, pour s'assurer la victoire, de triompher dans la bataille même de l'énergie de l'ennemi par la supériorité de ses propres forces morales, mais qu'il suffit d'une savante manœuvre, de la prise d'un nœud important des communications de l'adversaire, par exemple, pour que celui-ci doive être assez ébranlé pour s'avouer vaincu. Une telle conception est la négation même de l'acte de force qui est et doit rester le but de la guerre et dont tous les grands capitaines ont poursuivi sans trêve la réalisation par la manœuvre. Pour ces écrivains, la manœuvre devient un but en soi, au lieu d'être, comme nous l'estimons, un moyen — grandiose, il est vrai, — d'arriver à la bataille, à l'attaque, à l'abordage, au cœur même de l'ennemi, en joignant à la supériorité des forces matérielles l'exaltation des forces morales.

Cette doctrine n'a aucun fondement historique, elle est d'ordre purement imaginatif; à ce titre, elle peut sembler à quelques-uns séduisante, mais ne résiste pas à la critique qui résulte de l'examen du cas concret.

Les autres, fortement impressionnés par les effets du feu, mais convaincus que le sort de la guerre ne peut cependant être réglé hors du champ de bataille, contestent la possibilité actuelle de l'attaque décisive et estiment que la progression même des lignes de tirailleurs doit déterminer l'issue de la bataille et que l'effort individuel du soldat doit *toujours* suffire à donner la victoire.

Cette théorie est fondée tout entière sur les insuccès des attaques des Anglais devant les positions occupées par les Boers. Nous sommes, nous l'avons dit, pleinement d'avis que de tels procédés d'attaque étaient, à l'avance, voués à un échec presque certain : mais de là à conclure à l'impossibilité de l'attaque, il y a loin ! Et c'est, comme nous le disions dans l'introduction, confondre la préparation et la décision et proscrire dans la phase de décision des procédés qui sont inadmissibles, en effet, dans le combat de préparation.

On néglige, d'ailleurs, dans cette théorie généralisatrice, la supériorité de feux et l'usure des forces et du moral dont on doit au préalable s'assurer l'avantage avant de donner l'attaque.

A l'appui de cette thèse, on cite encore l'exemple des manœuvres d'automne, où l'on voit lancer des attaques, dont la préparation n'a pu être suffisante, faute même de temps, et qui n'auraient, — la chose est possible, — que peu de chances de succès.

Mais l'organisation même des manœuvres, dans lesquelles on est le plus souvent obligé, entre 6 heures du matin et 3 heures de l'après-midi, de simuler le développement complet d'une bataille, ne peut permettre de donner aux différents actes de celle-ci la valeur qu'ils auraient dans la réalité et conduit à abréger beaucoup le combat de préparation (1).

(1) Il n'en est pas moins utile, à notre avis, et c'est là

Le combat de préparation aurait-il même aux manœuvres son entier développement, il lui manquerait toujours la sanction du feu. Pas de balles, pas d'obus, partant pas de pertes, pas de démoralisation : les effets d'usure produits par le combat ne pourront donc jamais apparaître aux manœuvres, et lors même qu'une position aura été canonnée par d'innombrables batteries, tandis que ses défenseurs auront été maintenus constamment par l'infanterie ennemie sous la menace de l'abordage, l'attaque lancée à courte portée sur cette position n'en paraîtra pas moins toujours au spectateur prématurée et sans chances de succès, car le défenseur semblera rester encore jusqu'au dernier moment maître de son feu, de ses mouvements et de son moral, tandis que, dans la réalité, il serait cloué au sol et paralysé.

Sans doute, et nous l'avons déjà dit, l'attaque décisive peut n'être pas nécessaire et l'usure du combat suffire à démoraliser l'ennemi et à l'amener à lâcher pied, auquel cas il ne reste qu'à exploiter le succès obtenu.

Mais nous estimons que, dans le cas opposé, l'at-

---

une question d'instruction qui sort du cadre de cette étude et sur laquelle nous attirons seulement l'attention, de traiter aux manœuvres, avec son entier développement une bataille, en maintenant les deux partis sur le même terrain assez longtemps pour qu'ils puissent consacrer aux diverses phases de l'action un temps suffisant.

taque décisive est toujours possible, que les progrès de l'armement, s'ils en augmentent à certains points de vue les difficultés, permettent en revanche de lui frayer plus facilement le chemin et *qu'il doit toujours appartenir au commandement de conserver la direction de la bataille*, de choisir la zone et le moment où doit être obtenue la décision, et de consacrer à cet acte suprême les puissantes réserves dont il dispose encore.

Il semble, d'ailleurs, que chez certains adversaires de l'attaque décisive il y ait surtout une question de mot et le désir de réagir fortement contre les attaques lancées avant une préparation efficace par le feu et montées sans articulation suffisante, car ils admettent très bien que le commandement doit conserver de fortes réserves pour les engager au moment voulu et au point choisi. Nous avons, nous-même, trop fait ressortir le vice originel des attaques des Anglais pour ne pas souligner notre commune manière de voir à cet égard; mais l'étude de la campagne du Transvaal ne peut nous détourner, en ce qui concerne la possibilité de l'attaque, d'une doctrine de guerre qui a été constamment ignorée ou violée par les deux partis en présence.

Aussi restons-nous convaincu que l'attaque, basée sur la manœuvre, qui a déterminé aussi bien le succès d'Austerlitz que celui de Saint-Privat, donnera demain la victoire à celui qui saura utiliser, sur le champ de bataille même, la vertu supérieure de l'offensive, aidée par le merveilleux tempérament du soldat français, et servie par les instruments perfectionnés de l'armement actuel pour produire sur un ennemi déjà fatigué et usé par une lutte longue et déprimante un effet terrifiant de *feux*, de *masse* et de *surprise*.

Lorsque le chef jugera le moment venu de profiter de la lassitude et de la tension de l'ennemi pour demander à une attaque faite avec des troupes nombreuses, fraîches et soigneusement maintenues auparavant en dehors des émotions de la lutte, la décision qui lui aura jusque-là échappé, il portera son effort sur le point faible de la ligne ennemie, si les résultats du combat de préparation lui ont permis d'en déterminer un, sinon il choisira la zone d'attaque qui permettra le mieux l'emploi convergent de feux puissants d'artillerie et d'infanterie et l'approche à couvert, à courte portée, des troupes de l'attaque.

Un saillant de la ligne ennemie, s'il en existe, un point d'appui de son front qui, par suite de la configuration du terrain, pourra être battu par des crêtes étendues, rempliront les conditions nécessaires à une bonne concentration des feux. Ce serait prolonger inutilement une discussion purement théorique que de vouloir définir plus longuement les cas multiples et favorables qui se présenteront naturellement sur le front d'une armée, pour permettre de prendre, dans une zone donnée, la supériorité du feu sur l'adversaire : les exemples abondent dans les nombreux cas concrets que nous avons étudiés sur le terrain, où nous avons eu maintes fois l'occasion de le démontrer.

On nous accordera volontiers, pensons-nous, que, si nous venons accumuler inopinément contre la portion de la ligne ennemie, choisie comme objectif, contre un front de 1.500 à 2.000 mètres, le feu de 50 à 100 batteries en même temps que le feu de l'infanterie redoublera, l'ennemi ne sera pas en mesure de répondre, à forces égales, à ce débordement de feux, par cela même que nous avons le bénéfice de l'attaque et que l'adversaire sera, par suite, réduit à subir notre initiative. Quelles forces aurons-nous chance de rencontrer devant nous dans cette zone, si l'organisation de l'attaque a été dissimulée ? Celles qui s'y trouvent déjà pour mener le combat de front et celles-là seulement. La supériorité des feux, qui est une conséquence directe de l'initiative de l'attaque, ne saurait donc être contestée à celle-ci et croîtra constamment avec les perfectionnements mêmes de l'armement : reste à l'utiliser pour chasser l'ennemi de la position qu'il occupe.

Et pour cela nous voulons la masse : nous voulons que toutes les forces qu'il n'a pas été jusque-là indispensable de jeter au combat soient rassemblées à couvert, à proximité de l'objectif et prêtes à participer à l'attaque, qui sera lancée au moment même où commencera le redoublement des feux.

Ce n'est pas, à coup sûr, que nous songions à renouveler l'effet de choc des colonnes de Wagram ou de Waterloo; mais la masse est indispensable pour assurer le succès de l'attaque, car il ne suffit pas de prendre pied sur la position ennemie, il faut encore couvrir l'attaque, parer aux contre-attaques, aux retours offensifs de l'ennemi et exploiter enfin le premier succès obtenu.

Et ces divers résultats ne pourront être atteints que si l'on a pris soin de rassembler à l'avance, à proximité de la région d'attaque, des forces nombreuses qui seront alors immédiatement disponibles lorsque la situation exigera leur intervention : et c'est pourquoi il faut qu'une attaque soit non seulement préparée par le feu, mais encore qu'elle soit organisée avant d'être lancée.

La masse rassemblée pour l'attaque est donc, pour ainsi dire, un véritable *réservoir de forces*, dans lequel on ne puisera qu'avec économie, au fur et à mesure des situations nouvelles, pour appuyer l'attaque, la couvrir, contreriposter aux contre-attaques ou aux retours offensifs de l'ennemi et prononcer de nouvelles attaques sur les objectifs ultérieurs qui se présenteront après l'enlèvement du premier (1).

(1) Nous traiterons plus loin, dans l'exemple de l'attaque du 4 juin, la question de la possibilité de la progression même de l'attaque.

Quant au moral des troupes de l'attaque, nous ne concevons aucune inquiétude, si nous le comparons à celui de leur adversaire. Il est à présumer que l'état moral des troupes qui seront au combat depuis de longues heures, voire même depuis une ou deux journées entières, sera plus que jamais affaibli. La dépression morale qui sera — pour le plus grand nombre des combattants — la conséquence de l'inévitable dépression physique, n'est-elle pas encore à l'avantage de l'attaque et n'expose-t-elle pas plus que jamais les troupes de la défense aux effets de la surprise ?

Le déchaînement subit d'une masse énorme de feux d'infanterie et d'artillerie, immédiatement accompagné de l'*apparition inattendue* de l'attaque, prononcée par des troupes fraîches, derrière lesquelles on sent, prêtes à les appuyer, d'inépuisables forces, ne sont-ils pas de nature à faire naître, dans l'âme des défenseurs, déjà épuisés par une lutte longue et décevante, le sentiment de l'inutilité de l'effort, précurseur de la défaite ?

Poser la question, c'est pour nous la résoudre : le bénéfice de la surprise est à l'avance acquis à l'initiative, c'est-à-dire à l'assaillant, et l'avantage doit rester aux troupes fraîches qui viendront donner l'attaque, soutenues par la volonté de vaincre et par la triple supériorité des *feux*, des *forces* et du *moral*.

Quant à la question de savoir si l'on devra user de l'attaque d'aile ou de l'attaque de front, c'est affaire de circonstance et il ne saurait exister, à ce sujet, de solution unique.

Après la guerre de 1870, on a longtemps préconisé, à l'exclusion de toute autre, l'attaque d'aile. Sans doute, lorsqu'on en peut faire choix, elle présente des avantages évidents, puisqu'elle permet la concentration des feux et place, de ce fait, l'ennemi dans une situation d'infériorité.

Mais encore faut-il qu'il soit loisible d'y avoir recours et qu'on ne soit pas amené à des mouvements excessifs pour atteindre l'aile de l'ennemi. Dans le cas contraire, il ne reste qu'à reconnaître la nécessité où l'on se trouve de donner l'attaque de front et à envisager les moyens d'assurer sa réussite.

C'est précisément le cas qui se présentera devant un ennemi résolu à rechercher l'enveloppement immédiat et conduit par suite à se déployer sur un front très étendu : il deviendra difficile alors de demander soi-même la décision à une manœuvre identique, et il sera illusoire de chercher l'attaque d'aile vis-à-vis d'une armée déployée sur un front énorme et de répondre à l'enveloppement par l'enveloppement.

La tendance à réaliser l'enveloppement immédiat déterminera chez l'adversaire un affaiblissement du front et une réduction des réserves dont nous profiterons pour exécuter l'attaque sur le front même : devant un tel adversaire, c'est par une attaque en plein centre, dans la zone qui remplira, d'ailleurs, les meilleures conditions pour obtenir un emploi convergent des feux d'infanterie et d'artillerie et pour amener à couvert les troupes d'attaque à proximité de leur objectif, que nous chercherons à déterminer l'événement qui décidera de la bataille.

Mais il faudra, pour cela, parer à la menace même d'enveloppement de l'ennemi. L'accroissement de capacité de résistance des petits détachements mixtes, dû aux progrès de l'armement, nous en fournira encore le moyen : c'est à des *détachements d'aile* indépendants, s'appuyant à des obstacles naturels, que nous confierons la mission de couvrir les flancs de l'armée, de retarder, par le jeu de la manœuvre en retraite et l'emploi sagace du terrain, les tentatives d'enveloppement de l'ennemi, assez longtemps pour nous donner le temps de l'user puis de le percer sur son front.

Il est, d'ailleurs, partout possible, sur les terrains où nous avons chance de livrer une bataille d'armée, d'appuyer les ailes de l'armée à des obstacles naturels, souvent très forts, tels que forêts, rivières, régions difficiles et boisées. C'est sur l'examen des terrains les plus divers de nos régions qu'est assise cette conviction.

Le terrain nous donnera donc généralement, *dans une bataille d'armée*, la possibilité d'appuyer les ailes à des obstacles naturels très sérieux ; la capacité de résistance des détachements d'aile nous permettra de n'employer, pour résister à l'enveloppement préconçu de l'adversaire, qu'un minimum de forces, de façon à pouvoir conserver une forte supériorité numérique dans la zone où nous porterons notre effort décisif.

***

Voyons maintenant l'application faite des détachements d'aile et de l'attaque décisive sur le front au cas de l'armée du Sud dans les journées des 2, 3, 4 juin.

Journée du 2 juin (1).

Le 2 juin, le commandant de l'armée du Sud (2), résolu à livrer bataille dans la région située au sud de la forêt du Grand-Orient, a engagé le 21e corps, soutenu bientôt par les avant-gardes des 22e et 23e corps d'armée. Le soir, l'armée est en contact avec l'ennemi de Vendeuvre à Vitry-le-Croisé; le 24e corps d'armée est venu sur la Seine entre Bar-sur-Seine et Courtenot. L'armée appuie son flanc gauche à la forêt du Grand-Orient, son flanc droit à la coupure profonde de la vallée de l'Arce. Elle trouve donc dans le terrain même des points d'appui d'aile très forts (3) :

---

(1) Voir le croquis n° 5.

(2) Voir au chapitre Ier les dispositions prises pour la journée du 2 juin (page 52).

(3) Voir la carte au 1/80.000e (croquis n° 7).

d'une part, une forêt marécageuse et peu frayée, d'autre part, une région difficile, coupée et boisée, se prêtant admirablement au jeu des détachements d'aile qui s'y trouvent déjà.

En effet, en exécution de l'ordre d'opérations pour le 2 juin :

Les chemins de la forêt du Grand-Orient sont barrés et tenus par les détachements de couverture qui étaient le 1er juin au soir à Vendeuvre et à Mesnil-Saint-Père et qui sont le 2 juin au soir à la Loge-aux-Chèvres et aux Granges;

La division de cavalerie n° 1 avec une brigade du 23e corps et 4 batteries constitue détachement d'aile destiné à parer à l'enveloppement de la gauche par le couloir entre la Seine et la forêt du Grand-Orient et par la forêt de Larrivour;

La division de cavalerie n° 2, soutenue par les deux détachements de couverture du 22e corps d'armée, qui étaient, le 1er juin au soir, à Essoyes et à Noé-les-Mallets, constitue détachement d'aile droite sur la rive gauche de l'Arce dans la région de Noé-les-Mallets.

A la suite des renseignements reçus dans la journée sur les progrès de l'ennemi au sud-ouest de Bar-sur-Aube, le détachement d'aile droite doit d'ailleurs être porté, le 3 juin, à l'effectif d'une brigade d'infanterie (1) et de trois batteries, disposant d'un des ré-

(1) Cette brigade sera rendue à Noé-les-Mallets à 4 heures du matin.

giments de cavalerie de la division de cavalerie n° 2, celle-ci devant, lorsqu'elle aura été relevée, venir opérer dans la bataille.

Du côté de l'ennemi, le 2 juin au soir, l'armée de l'Est est en contact de Vendeuvre à Vitry-le-Croisé avec l'armée du Sud. Les forces qui devaient réaliser l'enveloppement par le Nord sont arrivées :

La Xe division de cavalerie à Laubressel sans avoir pu franchir la Barse;

La Ire division entre Rouilly-Sacey et Piney;

La IIe division à Brévonne.

La VIIIe division, qui avait mission d'exécuter l'enveloppement par le Sud, a sa tête à Champignol.

Journée du 3 juin (1).

Les trois corps d'armée engagés dans le combat de front peuvent, le 3 juin, en exécution des ordres de l'armée, disposer de leurs réserves (2), et ont pour mission d'enlever :

Le 22e, Vitry-le-Croisé et le bois de Bossican;

Le 21e, Montmartin et Nuisement;

Le 23e, avec l'aide du 21e, Vendeuvre;

---

(1) Voir le croquis n° 6.

(2) Le 2 juin, une brigade du 23e corps avait été maintenue en réserve générale à Chauffour-les-Bailly, une division du 22e corps à la Borde et Fralignes ; le 3 juin, ces forces sont mises successivement, suivant le développement de la bataille, à la disposition des corps d'armée.

Le 24e corps d'armée, restant en réserve générale, doit venir derrière le centre, prêt à déboucher sur le front ou sur la gauche.

Le soir, aucun résultat décisif n'a été obtenu sur le front; le 23e corps d'armée s'est bien emparé de Vendeuvre, mais sans parvenir à en déboucher sous les feux convergents de l'ennemi. Le 21e corps a pris Le Puits et Longpré; mais la rive droite du rû de Longpré est tenue par les troupes adverses.

Sur le flanc gauche, le détachement d'aile a retardé les forces ennemies, qui, le soir, atteignent par leur droite la Barse vers Thennelières, mais ne se sont pas encore emparé du débouché de Courteranges.

A droite, le détachement d'aile a disputé le débouché de Saint-Usage à une colonne venant de Champignol et est encore maître à la fin de la journée de la région de Chacenay.

Pour mieux justifier ces résultats et nous rendre plus exactement compte de la possibilité de la manœuvre des détachements d'aile de l'armée du Sud dans la journée du 3 juin, examinons les mouvements des unités de l'armée de l'Est qui étaient chargées de l'enveloppement (1) :

---

(1) Il y a lieu de remarquer que l'officier qui a conduit l'ennemi a conservé une entière liberté d'action.

Le Ier corps ennemi, qui devait envelopper par le Nord, a trouvé les chemins de la forêt du Grand-Orient barrés et tenus. Ne voulant pas se lancer dans cette forêt sans en posséder les débouchés, et ne parvenant pas à se les faire ouvrir, il a été obligé de tourner la forêt du Grand-Orient et, pour limiter l'amplitude de son mouvement, il a marché dans le couloir entre les Bas-Bois et la forêt de Larrivour, se couvrant à droite dans la région de Laubressel par la Xe division de cavalerie. Mais là, il n'a pu s'engager tout entier, avant d'avoir assuré son débouché au delà de la Barse, et a lancé une division sur Courteranges, maintenant l'autre vers Brévonne. Il n'est pas excessif d'admettre que le détachement d'aile gauche, ayant lui-même dans le couloir de Géraudot ses deux ailes appuyées, a pu, sur ce terrain difficile, faire perdre assez de temps à la Ire division ennemie pour que celle-ci n'ait pas fait plus de 8 kilomètres dans la journée et n'ait pu enlever Courteranges.

Au Sud, la VIIIe division de l'armée de l'Est, marchant de Champignol sur Buxières, a dû franchir une succession de défilés et parcourir un terrain très coupé (comme il est facile de s'en convaincre par l'examen de la carte au 1/80.000e) devant le détachement d'aile droite. Il semble qu'en admettant que cette division n'a pu dépasser le soir Noé-les-Mallets, ayant fait 9 kilomètres dans sa journée, on reste dans la vraisemblance.

Les détachements d'aile ont donc eu la possibilité, dans cette journée du 3 juin, de retarder, grâce à un emploi judicieux du terrain et du combat en retraite, et malgré des forces inférieures, les colonnes ennemies qui leur étaient opposées, assez longtemps pour permettre aux corps d'armée engagés d'user l'ennemi sur son front et au commandement d'asseoir sa décision.

Si, d'ailleurs, l'un de ces détachements avait été trop pressé, l'armée du Sud disposait de l'espace suffisant sur ses ailes pour n'avoir pas à craindre d'être enveloppée et pour avoir le temps de le soutenir.

Au cas même ou l'ennemi, avec une aile très forte, aurait progressé, la disposition des réserves permettait de chercher la décision de ce côté en intervenant contre cette aile pour l'écraser.

Quoi qu'il en soit, le 3 juin au soir (1), la situation semble mûre au commandant de l'armée du Sud, et le moment venu de profiter de l'extension de l'ennemi pour le percer sur son front et donner, dès le

(1) Nous avons, dans un but d'instruction, traité sur le terrain la bataille en trois journées, et c'est ce qui nous a amené à donner l'attaque décisive le 4 juin au matin. Il va de soi que le moment de la lancer, étant déterminé par la marche même du combat, serait peut-être arrivé plus tôt dans la réalité.

lendemain matin, l'attaque décisive sur le plateau de Nuisement.

Journée du 4 juin (1).

L'ordre d'opérations de l'armée prescrit, en conséquence, les dispositions suivantes : le 24e corps sera rassemblé le 4 juin à 5 h. 30 du matin, dans le vallon du rû du Puits, au sud-ouest du Puits, prêt à donner l'attaque sur le plateau de Nuisement; il sera appuyé dans son action par la division de cavalerie n° 2 et par le feu de 55 batteries (2) réunies, dans ce but, sous un même commandement d'artillerie.

Le 4 juin, au matin, les ordres suivants sont donnés pour l'attaque qui doit être lancée à 7 heures du matin.

I. — 24e CORPS D'ARMÉE

Ordre du 24e corps d'armée pour l'attaque du plateau de Nuisement.

1. — La 15e brigade s'emparera du mamelon situé à 2 kilomètres sud de Nuisement.

2. — Aussitôt que cette brigade aura pris pied sur le mamelon, la 7e division attaquera Nuisement, couverte à

(1) Voir le croquis n° 7.

(2) Artillerie du 24e corps ; artillerie du 21e corps moins une artillerie divisionnaire et le groupe à cheval ; 2 groupes montés et le groupe à cheval de l'artillerie de corps du 22e corps ; artillerie de corps du 23e corps.

droite par la 15e brigade, à gauche par sa formation même, par l'artillerie et par le 23e corps d'armée.

La division de cavalerie n° 2 suivra le mouvement de la 7e division et interviendra suivant les circonstances.

Au moment de l'attaque de la 7e division, la mission de la 15e brigade sera de tenir fortement le mamelon qu'elle aura occupé et de couvrir la droite de cette attaque.

La 16e brigade, en réserve de corps d'armée, se portera dans le ravin à l'est du Puits.

II. — 8e DIVISION

L'ordre du corps d'armée donne lieu dans la 8e division à l'ordre ci-dessous :

Ordre de la 8e division.

La 15e brigade s'emparera du mamelon situé à 2 kilomètres sud de Nuisement. Son flanc gauche est appuyé par le reste des troupes du corps d'armée.

La 16e brigade passe en réserve de corps d'armée.

III. — 15e BRIGADE

L'ordre de la 8e division donne lieu dans la 15e brigade :

1° D'abord à l'ordre d'attaque ci-dessous :

Ordre de la 15e brigade pour l'attaque du plateau situé à 2 kilomètres sud de Nuisement.

Le 1er régiment s'emparera du mamelon situé à 2 kilomètres sud de Nuisement.

Direction (donnée sur le terrain).

Les trois bataillons l'un derrière l'autre, en échelons débordant à droite.

Le 2e régiment suivra en échelon à droite l'attaque donnée par le 1er régiment.

2° Ensuite, après que le régiment de tête a occupé la crête, à l'ordre suivant :

Ordre de la 15e brigade.

Le 1er régiment occupera solidement la position conquise et assurera la protection de l'artillerie sur cette position.
Le 2e régiment restera en réserve dans le ravin de Longpré au sud-est du Puits.

IV. — 7e DIVISION

Après l'enlèvement par la 15e brigade de son objectif, le commandant de la 7e division donne l'ordre suivant :

Ordre de la 7e division pour l'attaque du plateau de Nuisement.

Attaque décisive sur Nuisement.
Les quatre régiments l'un derrière l'autre, ayant chacun trois bataillons en ligne, chaque régiment débordant d'un bataillon à gauche sur le précédent.
Direction du bataillon du centre du 1er régiment : église de Nuisement.

V. — COMMANDEMENT DE L'ARTILLERIE

Ordre pour l'artillerie de l'attaque (1).

Batteries de brèche. — Trois groupes de l'artillerie de corps du 24e corps d'armée.

---

(1) Cet ordre rédigé seulement pour montrer la réparti-

Trois groupes de l'artillerie de corps du 21e corps d'armée.

1er objectif : le mamelon attaqué par la 15e brigade.

2e objectif : le front d'attaque de la 7e division de... à...

Contre-batteries. — Sur le flanc droit : deux groupes de l'artillerie de corps du 22e corps ;

Sur le front d'attaque : deux groupes divisionnaires du 24e corps ;

Sur le flanc gauche : un groupe de l'artillerie de corps du 23e corps.

Batteries d'accompagnement. — Deux groupes divisionnaires du 24e corps d'armée, groupes à cheval des 22e et 23e corps d'armée.

Batteries pour parer aux contre-attaques. — A droite : deux groupes de l'artillerie divisionnaire du 21e corps ;

A gauche : deux groupes de l'artillerie de corps du 23e corps d'armée.

***

Voyons maintenant comment ce cas concret se présente sur le terrain, où nous avons pu l'étudier à loisir en tous détails (1).

La crête de la rive gauche du rû du Puits (crête de la ferme Saint-Gabriel, cote 220), sur une longueur de 1.500 mètres (2), et la crête de la rive droite du même vallon (crête de l'église du Puits, cote 239),

---

tion générale des batteries suivant le rôle qu'elles doivent remplir, serait dans la réalité complété par l'organisation du commandement et la désignation des misisons respectives.

(1) Voir la carte au 1/80.000e (croquis n° 7).

(2) Cette crête permet l'établissement de deux étages de feux. (Voir le croquis n° 8, panorama pris de Nuisement.)

sur une longueur de 2.000 mètres, ont vue sur le plateau de Nuisement, et permettent l'établissement facile des 55 batteries que nous allons déchaîner inopinément contre le front ennemi attaqué, qui a environ 2 kilomètres.

Du côté opposé, l'adversaire, fût-il prévenu de l'attaque, ne pourrait, faute de place, déployer autant de batteries, car l'artillerie ennemie, pour concourir à la défense du plateau de Nuisement, devra être établie sur le plateau même, dont la crête n'atteint pas un développement de 1.800 mètres (1).

Les mouvements des troupes de l'attaque peuvent se faire entièrement à couvert depuis Thieffrain, Magnant, Fralignes, où elles ont passé la nuit, jusqu'au pied même du plateau de Nuisement par le cheminement entièrement défilé qui contourne Beurey au Sud et à l'Est pour suivre le vallon du rû du Puits jusqu'à hauteur du Puits.

Le terrain nous donne donc, devant l'objectif choisi, la possibilité, d'une part, de prendre sur l'adversaire la supériorité des feux, et, d'autre part, d'acheminer à l'abri les troupes destinées à donner l'attaque.

Quelles forces allons-nous trouver, du côté ennemi, devant l'attaque ? Celles du combat de front

(1) La crête située entre Nuisement et Montmartin n'a, en effet, pas de vues sur la rive gauche du rû de Longpré.

et celles-là seulement et il se passera du temps, beaucoup de temps, avant qu'elles ne puissent être soutenues par des troupes ennemies amenées d'autres secteurs du champ de bataille (1). En fait, d'après les dispositions prises par l'ennemi, les deux divisions du IIIe corps occupent le front de 6 kilomètres compris entre la route de Mulhouse et le bois de Bossican inclus; elles sont au combat depuis deux jours et ont déjà affaire à des forces au moins égales de l'armée du Sud (21e corps et une brigade du 22e corps).

C'est dire que, sur un front d'attaque de 2 kilomètres, nous aurons affaire à environ une division, dont les troupes engagées depuis longtemps sont, aussi bien, du reste, que celles de l'armée du Sud qui leur sont opposées dans le combat de préparation (21e corps), épuisées et désormais incapables d'un nouvel effort.

La situation des deux adversaires est, d'ailleurs, au point de vue des munitions, bien différente : les troupes de la défense sont à bout de munitions et le ravitaillement de leur chaîne d'infanterie est extrêmement périlleux sous le feu, pour ne pas dire impossible; les troupes fraîches de l'attaque, au con-

(1) Dans l'exercice en question, l'ennemi n'aurait pu donner, comme nous le verrons ultérieurement, de contre-attaque sérieuse avant 2 heures de l'après-midi.

traire, arrivent avec des munitions intactes, des coffres pleins et leur entrée en action détermine sans effort le ravitaillement de la ligne de bataille.

La supériorité écrasante des feux sera, pour tous ces motifs, absolument assurée à l'attaque aussi bien que celle de l'effectif : sans doute, sur les quatre brigades qui vont donner l'attaque, une brigade, un régiment peut-être suffiront à enlever la position de Nuisement, ce qui n'amoindrit, d'ailleurs, nullement, à notre avis, ni la nécessité de constituer, avant de lancer cette attaque, une masse, un réservoir de forces, ni la nécessité de déplacer cette masse au fur et à mesure des progrès de la ligne de feu afin d'être prêt à exploiter le succès acquis et de parer à l'imprévu, *au moment même où il se présente :*

Les perfectionnements de l'armement n'ont en rien changé ces principes : ils doivent en modifier seulement l'application. A l'époque de Napoléon, avec des fusils et des canons qui portaient, les premiers à 200 mètres, les seconds à 800 mètres, les différents éléments de l'attaque pouvaient sans inconvénient et devaient même être assez rapprochés les uns des autres; pour les mêmes motifs, les réserves de la défense étaient tenues à faible distance de la ligne de feux.

Aujourd'hui, au contraire, l'augmentation de portée des armes aussi bien que l'accroissement des fronts de bataille doivent conduire la défense à un échelonnement plus grand des forces et à une organisation en profondeur.

De même, l'attaque doit avoir recours à l'échelonnement en profondeur et à des formations très largement articulées. Mais son but formel, c'est de fournir un effort subit et violent sur les objectifs (points d'appui ou contre-attaques) qui se présenteront successivement et qui feront obstacle à sa marche, et non d'essayer par une suite de petits efforts successifs, trop espacés, d'user la ligne ennemie.

Reste la question de la possibilité de la progression de l'attaque qui a été récemment contestée et que nous avons, à dessein, réservée pour la traiter à propos du cas concret de l'attaque de Nuisement.

Les partisans de la toute puissance des feux, les adversaires de l'attaque disent communément qu'il sera désormais impossible de progresser sur les glacis étendus, battus par le feu de la défense. D'accord, mais encore faut-il trouver sur le terrain des glacis découverts et à pente uniforme qui puissent être battus par des défenseurs abrités; dans les opuscules où l'on prête à la défensive tous les avantages, il semble qu'on doive les rencontrer sur tout le front. En fait, ces glacis sont extrêmement rares et véritablement exceptionnels : celui de Saint-Privat en est un exemple justement célèbre, mais un exemple presque unique.

Dans la plupart des cas, au contraire, le terrain, au lieu d'offrir des pentes étendues et constantes, présente des glacis bombés sur lesquels les vues sont courtes. Et ces glacis sont plus dangereux pour le défenseur que pour l'assaillant, car ils obligent le défenseur à se porter et à rester en avant de la crête, dans une situation découverte où l'artillerie adverse peut l'accabler de projectiles jusqu'à l'abordage par les troupes assaillantes; aussi, loin de donner un appui aux troupes qui les occuperaient, de tels glacis deviendraient-ils le plus souvent intenables sous le feu de l'artillerie ennemie.

Dans le cas concret de l'attaque du plateau de Nuisement, les troupes qui auraient défendu le plateau (artillerie et infanterie) auraient dû se porter à 300 ou 400 mètres en avant de la crête couvrante (1), pour avoir sur les abords immédiats un champ de tir suffisant, qui n'aurait que rarement atteint 400 mètres pour des tireurs debout; des tireurs à genoux ou couchés auraient eu un champ de tir plus court encore.

Sur de tels terrains, on est forcément réduit, soit à un champ de tir très restreint, si l'on emploie des tranchées profondes et dissimulées, comme celles des Boers, soit à des ouvrages très élevés et par suite très apparents, si l'on veut conserver un champ de

(1) Voir la figure ci-après.

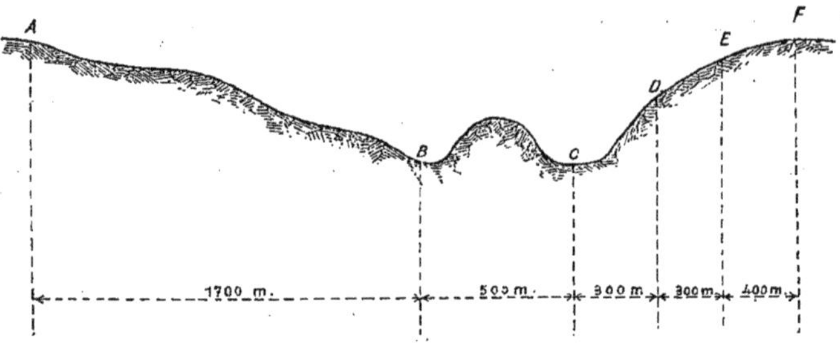

LÉGENDE :

A Crête de la ferme Saint-Gabriel.
B Rû du Puits.
C Rû de Longpré.
D Emplacement de la chaîne d'infanterie de l'attaque.
E Emplacement de la chaîne d'infanterie de la défense.
F Nuisement.

NOTA. — Les hauteurs sont amplifiées dans le rapport $\frac{7}{1}$

tir suffisant. Dans les deux cas, l'invisibilité des défenseurs n'existe pas, au moment où ils tirent.

Ceci posé, quelle est sur le terrain la situation respective des troupes qui défendent le plateau de Nuisement et de celles qui l'attaquent ?

D'une part, du côté de la défense (1), une chaîne dense de feu, à 400 mètres en avant de la crête couvrante; cette chaîne est aux prises, à une distance comprise entre 200 et 400 mètres, avec la chaîne de l'attaque qui borde le changement de pente du vallon du rû du Puits.

L'espace de 400 mètres qui s'étend en arrière de

(1) Voir le croquis n° 8. (Panorama pris de la crête de la ferme Saint-Gabriel.)

la chaîne de l'ennemi jusqu'à la crête de Nuisement est littéralement couvert par les projectiles de l'attaque : aucun mouvement, soit pour ravitailler la chaîne, soit pour la renforcer avec les quelques réserves partielles qui peuvent encore exister à l'abri de la crête, ne peut se faire sans grandes pertes.

L'artillerie de la défense n'est pas dans une situation plus avantageuse; obligée de s'avancer, comme l'infanterie, en avant de la crête, pour voir, elle s'offre, pour ainsi dire, en espalier aux coups de l'artillerie de l'attaque; elle manque de munitions et son ravitaillement aussi bien que son renforcement par des batteries nouvelles ont des chances d'être arrêtés net par le feu ennemi.

D'autre part, du côté de l'attaque, la chaîne, très épaisse, a atteint le revers de la rive droite du vallon du rû du Puits : en arrière d'elle le terrain est défilé et le ravitaillement aussi bien que le renforcement de la chaîne peuvent s'effectuer.

Les 55 batteries qui doivent travailler à appuyer l'attaque ont reçu des missions très nettes, très définies et très simples (1) :

Les *batteries de brèche* ont pour objectif l'infanterie ennemie dans le secteur d'attaque; à elles d'immobiliser les défenseurs dans leurs tranchées, de couvrir de projectiles le terrain qui s'étend en arrière

(1) Voir ci-dessus les ordres à l'artillerie.

des tranchées jusqu'à la crête et d'empêcher toute fraction de déboucher de la crête couvrante;

Les *contre-batteries* vont continuer à contre-battre les batteries ennemies et chercher leur écrasement;

Les *batteries de contre-attaque* sont prêtes à intervenir les unes à droite, les autres à gauche, pour prendre à partie toute contre-attaque qui apparaîtrait.

Le rôle de toutes ces batteries est très facile, chacune d'elles n'ayant à travailler que dans une zone définie à l'avance, sur des données de tir déjà déterminées et devant seulement ouvrir un feu rapide sur l'objectif qui se présentera à elle.

On nous dit, il est vrai, en s'appuyant sur la guerre anglo-boer, que la défense n'a qu'à attendre patiemment jusqu'à 200 mètres et qu'il lui suffit d'ouvrir alors un feu rapide sur l'assaillant pour l'arrêter. Mais il faut pour cela : 1° disposer de munitions abondantes; 2° avoir conservé un sang-froid imperturbable.

En ce qui concerne les munitions, le ravitaillement est, nous l'avons vu, rendu ici trop difficile à la défense pour qu'elle ne soit pas dans une situation très précaire.

Quant à la question de sang-froid, il est vrai que, dans quelques circonstances, les Boers ont attendu les attaques anglaises jusqu'à courte portée pour les arrêter ; mais il faut tenir compte des conditions particulières dans lesquelles ils se trouvaient alors : complètement abrités derrière des rochers qui les masquaient entièrement, *n'ayant subi aucune usure ni matérielle ni morale*, par suite de l'absence d'un combat de préparation antérieur, ne redoutant rien de l'artillerie anglaise en raison de l'absence de liaison entre les armes, ils se trouvaient, au moment où l'attaque se déchaînait, dans la condition de *troupes fraîches à l'abri du feu de l'artillerie*.

Un témoin oculaire compétent (1) a constaté, en revanche, que toutes les fois que les Boers, quoique abrités, étaient seulement dans la gerbe des projectiles ennemis, leur tir, malgré les qualités *exceptionnelles* qu'ils possèdent à cet égard et que nous ne pouvons attendre même d'une bonne infanterie, devenait incohérent et inefficace.

L'exemple même du combat d'Elandslaagte, où les Gordon Highlanders, au son de l'hymne écossais, forcèrent, malgré le feu, la position des Boers et leur enlevèrent deux canons, prouve qu'aujourd'hui comme naguère on peut marcher sous le feu à courte portée avec succès, à condition de donner à l'ennemi l'impression qu'il a devant soi quelque chose *qu'on n'arrête pas*.

Et c'est là seulement une question de moral. Croit-on, par exemple, que, lors de l'attaque de Nuise-

(1) Du côté des Boers.

ment, la situation des troupes de la défense, en butte, à découvert, aux feux d'une artillerie écrasante, menacées par une attaque rapprochée, ayant, en cas de retraite, à parcourir, toujours à découvert, 300 ou 400 mètres sous le feu, serait de nature à surexciter leur moral et qui ne préfèrerait se trouver dans les rangs de l'assaillant plutôt que dans ceux du défenseur ?

Sans doute la supériorité prise sur la ligne de feux adverse ne constitue pas un succès définitif car le devoir de l'ennemi est de riposter dès que possible à l'attaque. Mais là, encore, sa tâche est rude et ingrate et toujours pour le motif dominant que l'initiative et par conséquent la prévoyance appartient à l'attaque.

Admettons, comme nous l'avons fait sur le terrain, que la 15e brigade a pris pied sur le mamelon qu'elle a pour objectif, et prenons comme exemple l'attaque de la 7e division sur le plateau de Nuisement.

La division (voir les ordres ci-dessus) a pris pour l'attaque une formation profonde, articulée et flanquée. Si l'ennemi tente de lancer de front ses réserves, elles tombent immédiatement sous le feu des batteries de brèche. S'il veut lancer une contre-attaque sur les flancs, elle est immédiatement saluée par les batteries préposées à ce rôle : si la contre-attaque débouche au sud de Nuisement, elle est, en outre, prise en flanc par la 15e brigade; si elle débouche au nord du village, elle vient donner dans le dispositif en échelon de la 8e division.

Nuisement enlevé et solidement organisé, la mission de l'attaque ne sera pas achevée, car il n'y a rien de fait, tant qu'il reste quelque chose à faire. Il faudra alors, pour la 7e division, attaquer le plateau de Magny-Fouchard tout en masquant Montmartin qu'attaquera la 15e brigade; et après le plateau de Magny-Fouchard, ce sera peut-être Maison-des-Champs, jusqu'à ce que l'ennemi, coupé en deux et acculé à l'Aube, n'ait plus aucun moyen de reprendre l'avantage.

Et peu à peu la masse profonde de l'attaque progressera et jettera de nouvelles forces dans la balance : au moment où la 7e division atteindra le rû de Crébenard, la 16e brigade, réserve du corps d'armée, sera encore dans le vallon de Longpré.

Nous ne développerons pas les attaques que doit donner, avant d'avoir achevé sa tâche, le 24e corps sur ses objectifs successifs. Toutes ces attaques, d'ailleurs, seront montées d'après les mêmes principes de sûreté, d'échelonnement en profondeur et de large articulation.

Rien de tout cela n'est infaillible, sans doute, car tout peut manquer comme tout peut réussir à la guerre. Mais l'initiative de l'offensive permet d'organiser, de prévoir, de parer et de donner à chaque organe des missions simples et définies : la valeur du soldat fait le reste.

Le cas concret de l'attaque de Nuisement permet, du reste, de voir comme la parade est généralement difficile à la défense, et combien elle le devient davantage si celle-ci s'est étendue et a affaibli son front.

Dans l'exercice exécuté sur le terrain, le parti de l'Est, au moment de l'attaque de Nuisement par la 7e division, n'a pu fournir, faute de forces immédiatement disponibles, ni sur le plateau de Nuisement, ni en arrière, sur le plateau de Magny-Fouchard, de contre-attaque sérieuse.

Ce n'est qu'après avoir réuni les forces disponibles (IIe division rappelée dès le matin de Brévonne) qu'il s'est trouvé, vers 2 heures de l'après-midi, en mesure de lancer avec cette division une contre-attaque débouchant d'Amance sur Vauchonvilliers; cette contre-attaque n'aurait pu, après les progrès accomplis par le parti opposé, rétablir la situation et n'aurait servi qu'à couvrir la retraite.

L'exemple des manœuvres, qu'on cite souvent dans ces discussions, ne peut, à ces différents points de vue, conduire qu'à des conclusions fausses. Le défenseur et l'assaillant se trouveront, toujours et malgré tout, aux manœuvres à deux de jeu jusqu'à la fin, et, quoi qu'on fasse, les difficultés que le défenseur rencontre pour se ravitailler, pour mouvoir et faire venir à temps ses réserves y seront supprimées, tandis que son moral s'y maintiendra toujours intact et inattaquable.

Mais chaque fois qu'on réfléchira de bonne foi, sur le terrain et sur un cas concret, à la situation respective du défenseur et de l'assaillant lançant une attaque qui a été préparée et organisée, l'aspect des choses se modifiera du tout au tout.

Sans doute l'assaillant perdra du monde, sans doute il lui faudra, avec un emploi judicieux du terrain et des formations, un moral élevé, mais le défenseur sera dans une situation matérielle très inférieure, et il ne semble pas à présumer que l'immobilité à laquelle il est condamné et la menace de l'attaque à laquelle il reste depuis de longues heures soumis déterminent chez lui un moral supérieur.

Qu'en faut-il conclure?

Que tant que la guerre sera, elle aura recours, en dernière analyse, à un acte de force brutal qui n'ira pas sans de grands sacrifices, mais que ces sacrifices ne seront pas moindres du côté de la défense en même temps qu'ils seront le plus souvent inutiles. Et le perfectionnement des armes n'a rien changé à cette situation, qui demeure, comme précédemment, à l'avantage de l'initiative, et, par suite, de *l'offensive tactique*.

1er décembre 1902.

Paris et Limoges. — Imprimerie militaire Henri CHARLES-LAVAUZELLE.

29 Mai, Soir.

Situation de l'Armée du Sud.

Echelle : $\frac{1}{300.000}$.

Croquis N°1

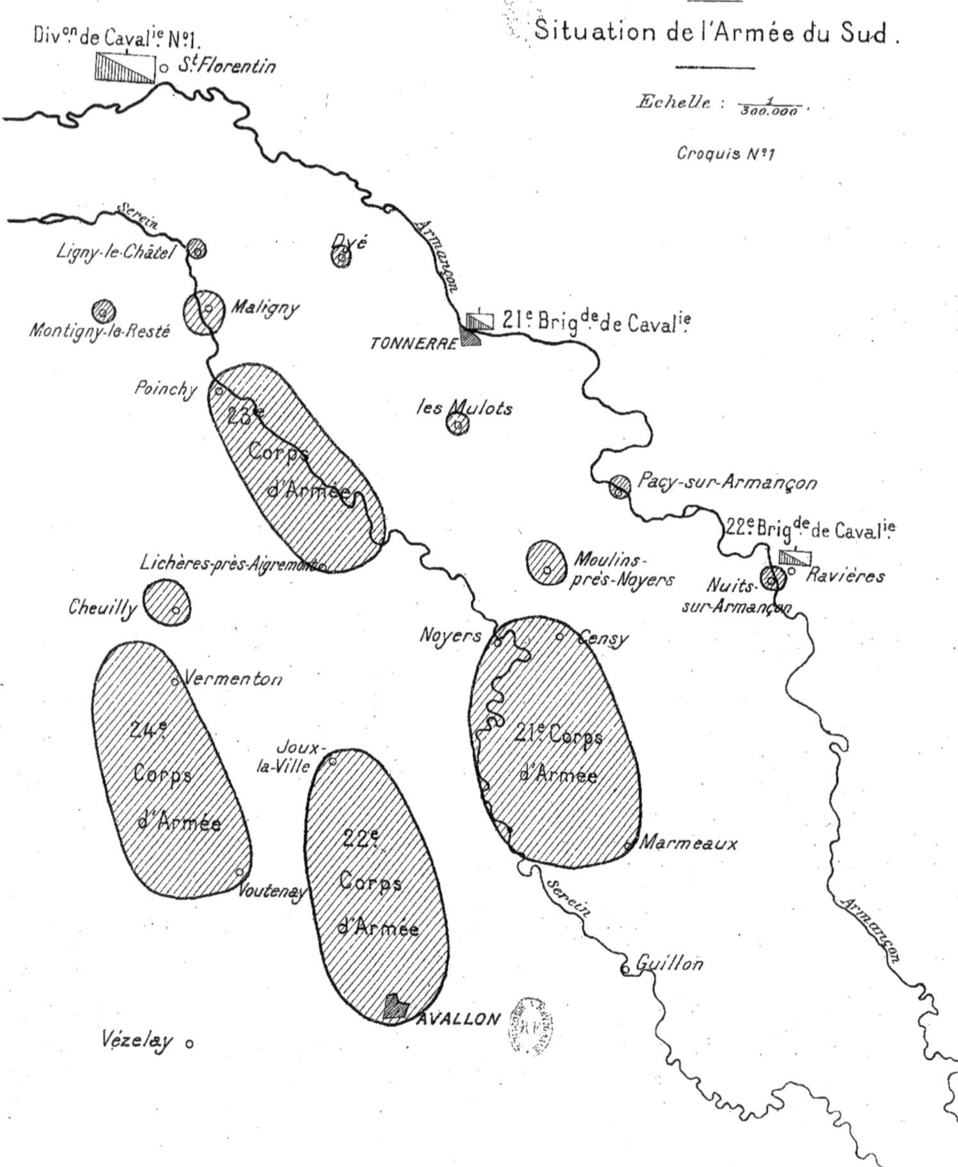

30 Mai, Soir.

Situation de l'Armée du Sud.

Div.on de Caval.ie N.o 1

Auxon

Echelle : $\frac{1}{300.000}$.

Croquis N.o 2.

21e Brig.de de Caval.ie

Villiers-s-Praslin

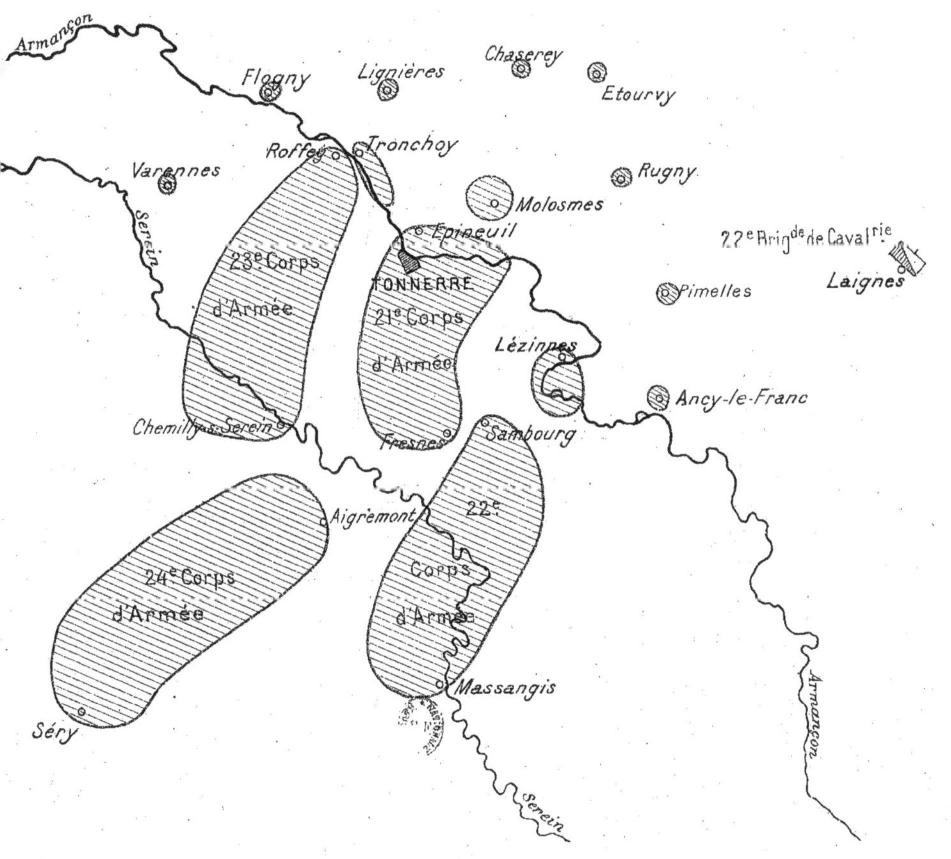

31 Mai, Soir.

Situation de l'Armée du Sud.
Echelle : 1/300.000.
Croquis N° 3.
Divon de Cavalie N° 1
TROYES
Bas Bois
Forêt du Grand Orient
Lusigny
Vendeuvre
Seine
Forêt d'Othe
Forêt d'Aumont-Rumilly
21e Brigde de Cavalie
BAR-S-SEINE
les Bordes
Villemorien
Chaource
Landion
la Loge Pomblin
Praslin
Chessy
Balnot sur-Laignes
22e Brigde de Cavalie
Gyé-s-Seine
Gde Réserve
Bois de Frasse
Prusy
21e Corps d'Armée
Balnot-la-Grange
Beauvoir
Laignes
Bois de Gyé
Forêt de l'Hopital
Coussegrey
23e Corps d'Armée
Mélisey
Villon
Villedieu
Armançon
TONNERRE
Cruzy-le-Châtel
Serrigny
24e Corps d'Armée
22e Corps d'Armée
Laignes
Sambourg
Aigremont

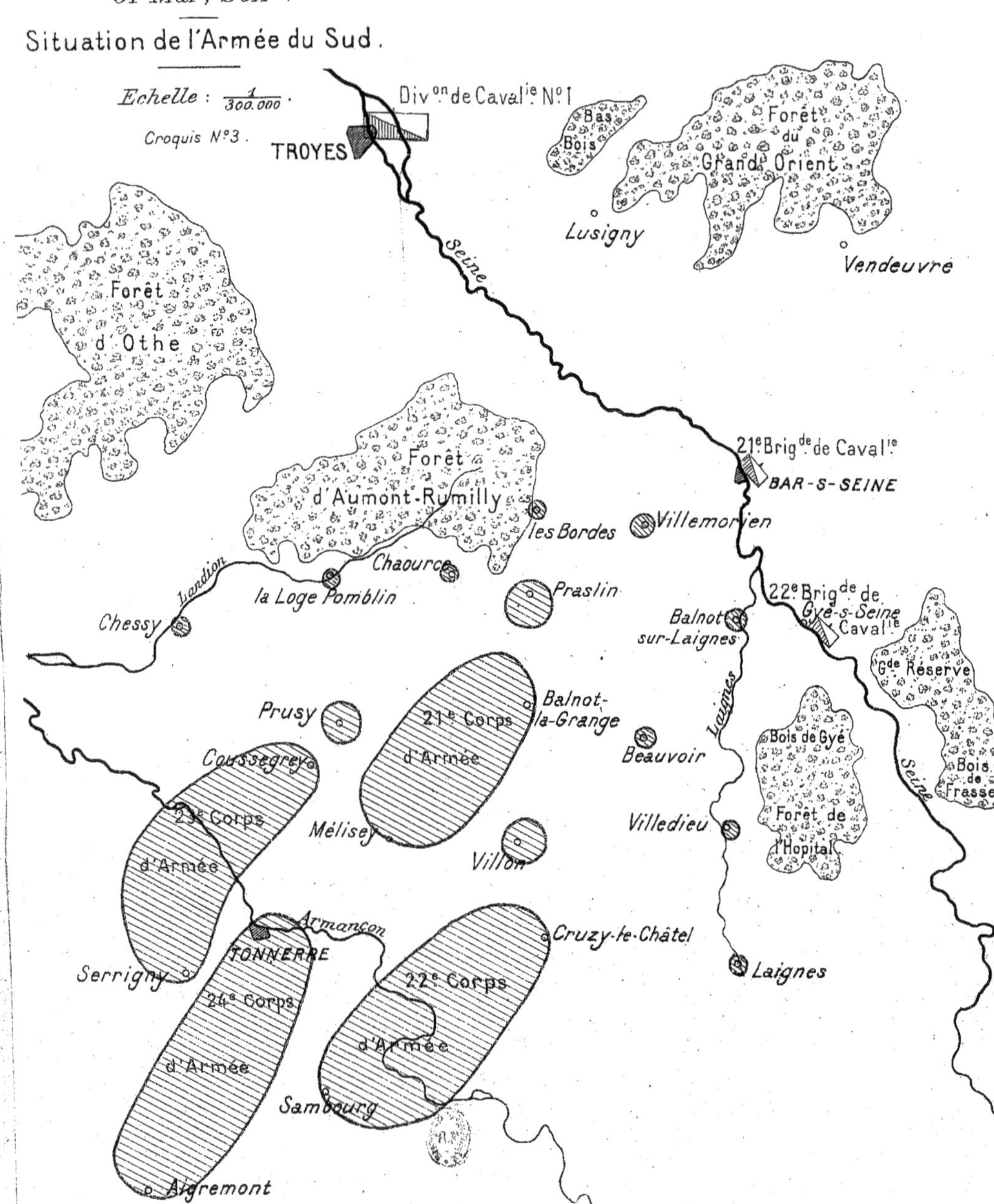

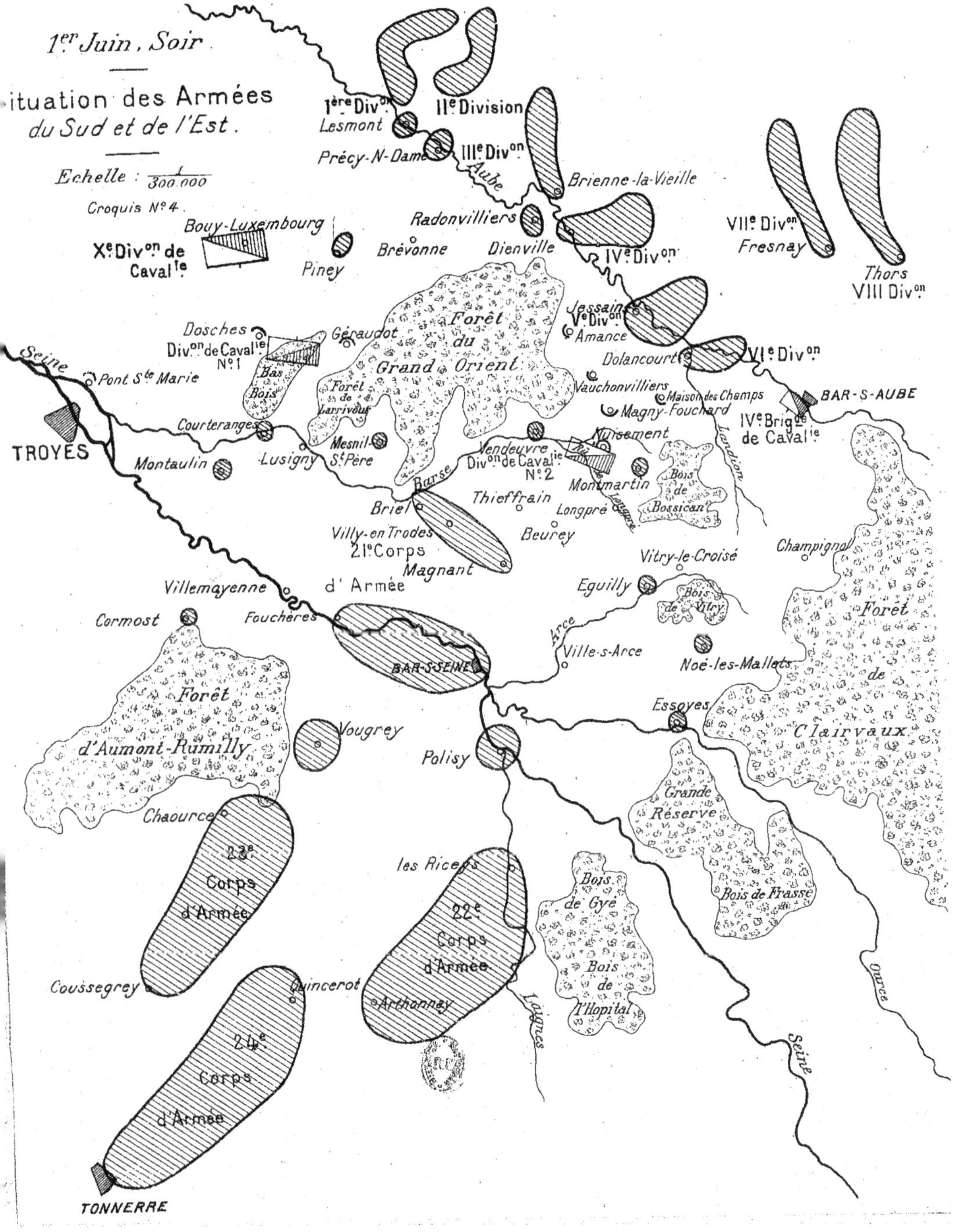

1er Juin, Soir

ituation des Armées
du Sud et de l'Est.

Echelle : 1/300.000

Croquis N° 4.

1ère Divon
Lesmont
IIe Division
Précy-N-Dame
IIIe Divon
Aube
Brienne-la-Vieille
Radonvilliers
Bouy-Luxembourg
Xe Divon de
Cavalie
Piney
Brévonne
Dienville
IVe Divon
VIIe Divon
Fresnay
Thors
VIII Divon
Jessain
Ve Divon
Amance
Dosches
Divon de Cavalie
N° 1
Géraudot
Forêt
du
Grand Orient
Dolancourt
VIe Divon
Seine
Pont Ste Marie
Bas
Bois
Forêt
de
Larrivour
Vauchonvilliers
Maison des Champs
BAR-S-AUBE
Magny-Fouchard
IVe Brigde
de Cavalie
TROYES
Courteranges
Mesnil-
St Père
Nuisement
Landion
Montaulin
Lusigny
Vendeuvre
Divon de Cavalie
N° 2
Barse
Montmartin
Bois
de
Bossican
Briel
Thieffrain
Longpré
Villy-en-Trodes
21e Corps
d'Armée
Beurey
Magnant
Vitry-le-Croisé
Champignol
Villemayenne
Eguilly
Bois
de Vitry
Cormost
Fouchères
Forêt
de
Clairvaux
Arce
Ville-s-Arce
BAR-S-SEINE
Noé-les-Mallets
Forêt
d'Aumont-Rumilly
Essoyes
Vougrey
Polisy
Grande
Réserve
Chaource
23e
Corps
d'Armée
les Riceys
Bois
de Gyé
Bois de Frasse
22e
Corps
d'Armée
Ource
Coussegrey
Quincerot
Arthonnay
Bois
de
l'Hopital
Laignes
Seine
24e
Corps
d'Armée
TONNERRE

2 Juin, Soir.

Situation des Armées *du Sud et de l'Est.*

Echelle : 1/300.000.

Croquis N° 5.

Aube
IIe Div^on
Brévonne
Ière Div^on
Piney
Rouilly-Sacey
Xe Div^on de Caval^ie
Dosches
Géraudot
Forêt du Grand Orient
Seine
Bas Bois
Laubressel
Forêt de Larrivour
la loge aux Chèvres
les Granges
IVe Div^on
IIIe Div^on
Vendeuvre
Magny-Fouchard
BAR-S-AUBE
TROYES
Courteranges
Ruvigny
92e Brig^de
Lusigny
Mesnil-St Père
Montaulin
Div^on de Caval^ie N° 1
Détach^t d'aile gauche
Barse
Champ s/ Barse
le Puits
Nuisement
Ve Div^on
Montmartin
Bois de Bossican
Landion
VIIe Div^on
Arconville
Bligny
45e Div^on
Thieffrain
Briel
21e Corps d'Armée
Longpré
Chauffour-les-Bailly
91e Brig^de
23e Corps d'Armée
Beurey
VIe Div^on
Champignol
85e Brig^de
Vitry-le-Croisé
VIIIe Div^on
Magnant
Villemoyenne
44e Div^on
Fralignes
La Borde
Eguilly
Bois de Vitry
Ferme Sermoise
Forêt de Clairvaux
Courtenot
22e Corps d'Armée
Buxières
Détach^t d'aile droite
St Usage
24e Corps d'Armée
BAR-S-SEINE
86e Brig^de
Ville-s-Arce
Chacenay
Noé-les-Mallets
IVe Brig^de de Caval^ie
les Fosses
Fontette
Arce
Div^on de Caval^ie N° 2
Jully-sur-Sarce
Essoyes
Forêt d'Aumont-Rumilly
Grande Réserve
Bois de Frasse
Bois de Gyé
Bois de l'Hopital
Laignes
Ource
Seine

3 Juin, Soir.

Situation des Armées du Sud et de l'Est.

Echelle : 1/300.000.

Croquis N° 6.

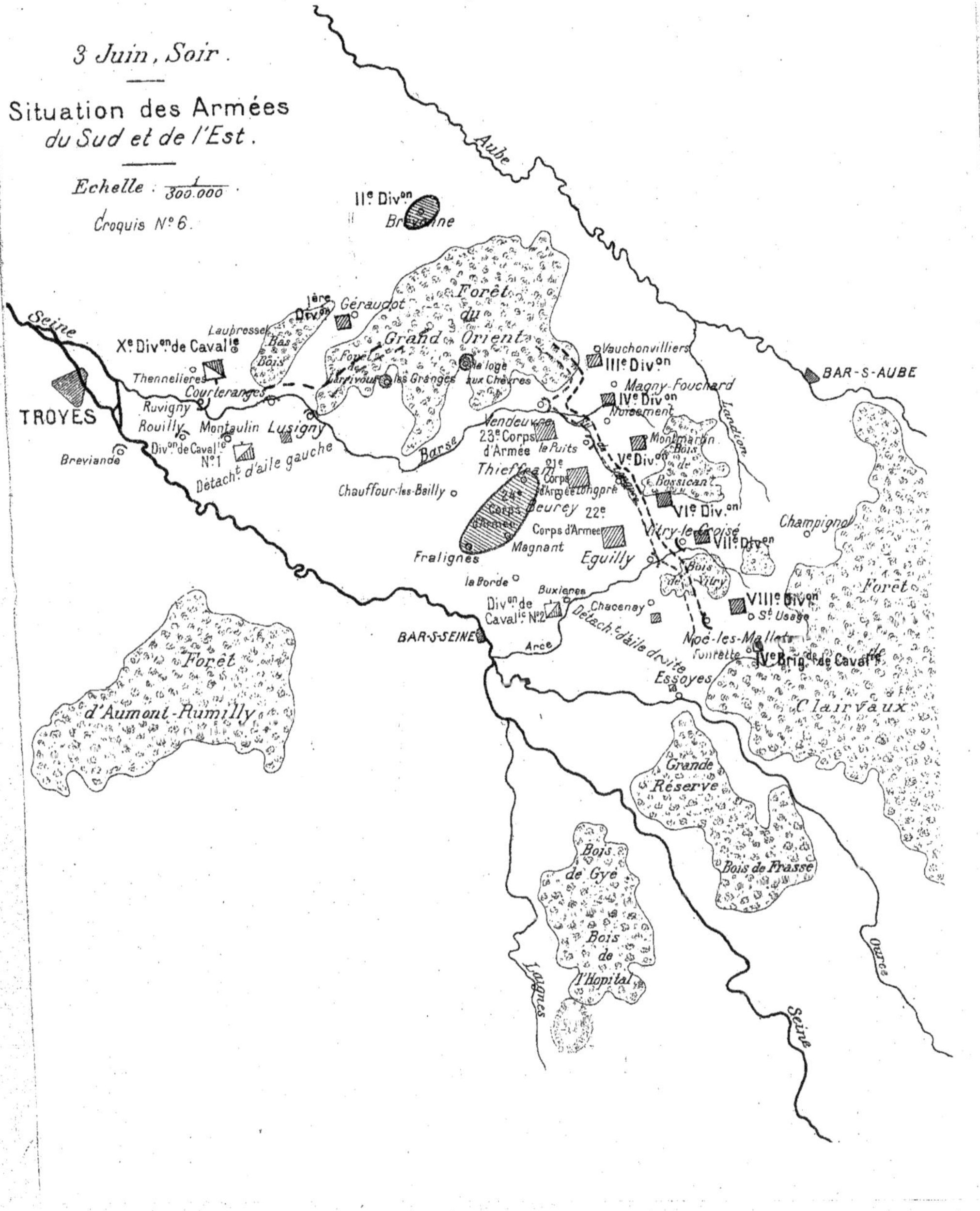

IIe Div^{on}
Brévonne
Aube
Seine
Xe Div^{on} de Caval^{ie}
Laubressel
Ière Div^{on}
Géraudot
Bas Bois
Forêt du Grand Orient
Thennelières
Courteranges
TROYES
Ruvigny
Rouilly
Montaulin
Lusigny
Breviande
Div^{on} de Caval^{ie} N° 1
Détach^{t} d'aile gauche
Forêt des Arrivour
les Granges
la loge aux Chèvres
Vauchonvilliers
IIIe Div^{on}
Magny-Fouchard
IVe Div^{on}
Noisement
BAR-S-AUBE
Landion
Vendeuvre
23e Corps d'Armée
le Puits
Montmartin
Bois de Bossicant
Ve Div^{on}
Barse
Thieffrain
21e Corps d'Armée
Longpré
Chauffour-les-Bailly
24e Corps d'Armée
Beurey
22e Corps d'Armée
VIe Div^{on}
Champignol
Vitry-le-Croisé
VIIe Div^{on}
Magnant
Fralignes
Eguilly
Bois de Vitry
la Borde
Buxières
Forêt de Clairvaux
VIIIe Div^{on}
St Usage
Div^{on} de Caval^{ie} N° 2
Chacenay
Détach^{t} d'aile droite
Noé-les-Mallets
Fontette
IVe Brig^{de} de Caval^{rie}
BAR-S-SEINE
Arce
Essoyes
Forêt d'Aumont-Rumilly
Grande Réserve
Bois de Frasse
Bois de Gye
Bois de l'Hopital
Laignes
Ource
Seine

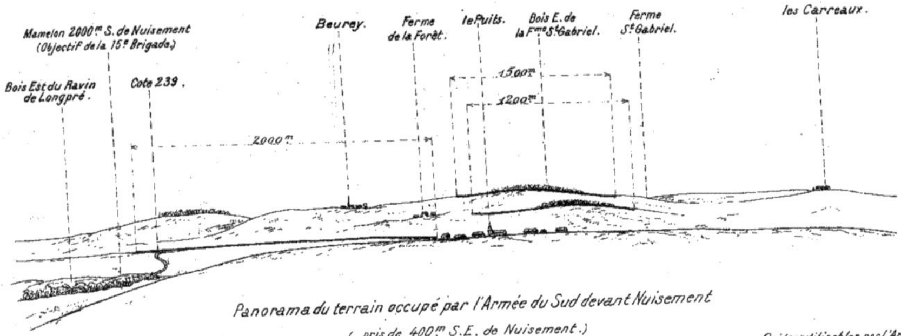

Mamelon 2000m S. de Nuisement (Objectif de la 15e Brigade.)

Bois Est du Ravin de Longpré.

Cote 239.

Beurey.

Ferme de la Forêt.

le Puits.

Bois E. de la Fme St Gabriel.

Ferme St Gabriel.

les Carreaux.

2000m

1500m

1200m

Panorama du terrain occupé par l'Armée du Sud devant Nuisement

(pris de 400m S.E. de Nuisement.)

Crêtes utilisables par l'Artie de l'attaque pour battre le plateau de Nuisement.

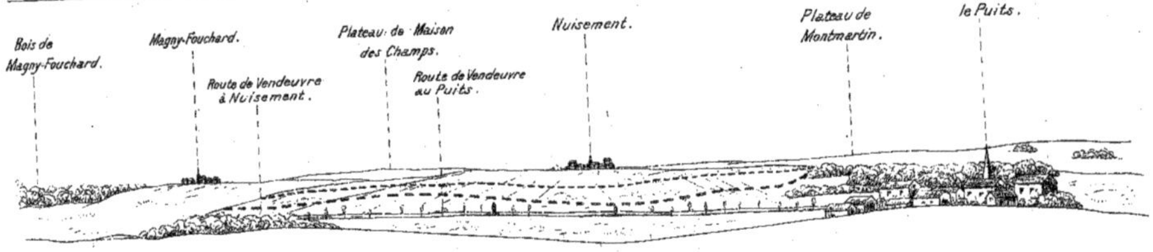

Bois de Magny-Fouchard.

Magny-Fouchard.

Route de Vendeuvre à Nuisement.

Plateau de Maison des Champs.

Route de Vendeuvre au Puits.

Nuisement.

Plateau de Montmartin.

le Puits.

Panorama du plateau de Nuisement.

(pris de 500m E. de la Ferme St Gabriel.)

Ligne d'Infanterie de la Défense.

do l'Attaque.

Croquis N° 7.

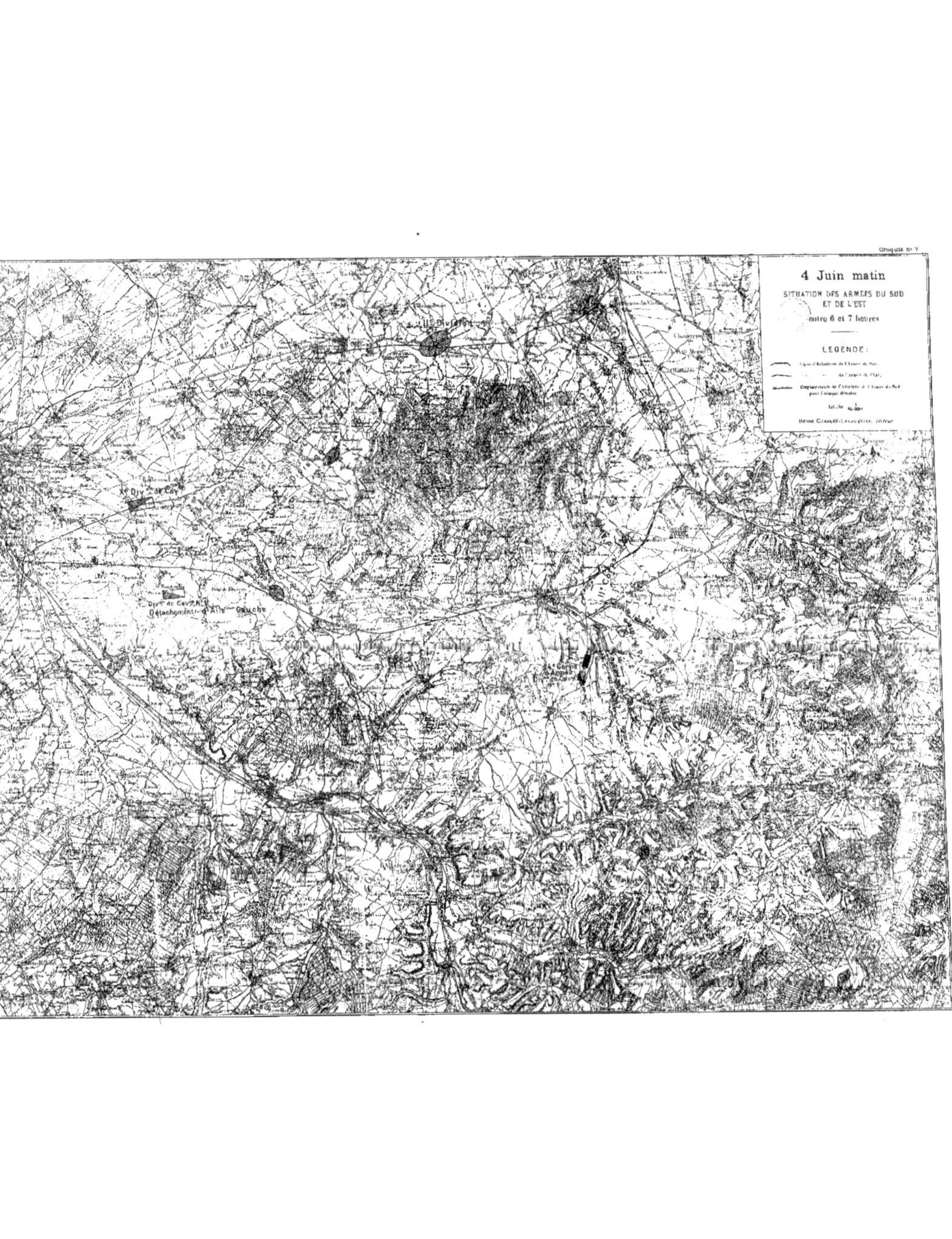
Croquis n° V
4 Juin matin
SITUATION DES ARMÉES DU SUD
ET DE L'EST
entre 6 et 7 heures
LÉGENDE :
Div. de Cav.
Détachement d'Aile Gauche

www.ingramcontent.com/pod-product-compliance
Ingram Content Group UK Ltd.
Pitfield, Milton Keynes, MK11 3LW, UK
UKHW020355230726
13925UKWH00003B/1132

9 782014 431544